農禪家風　聖嚴家教

法鼓晨音

聖嚴法師◎著

自序

聖嚴

從一九七八年起，我在臺灣有了道場，是一個非常不起眼的農舍，僅一棟上下兩層的樓房，總共一百建坪，我就用它來主持禪七，接引青年出家。先師東初老人，給它的命名是農禪寺。經過二十個年頭，由於出家弟子的人數逐漸增加，周邊的鐵皮屋臨時寮也不斷加蓋，儼然已是一座簡陋的叢林寺院了。因為它不能算是可以永久居住的道場，便促成了法鼓山的籌建。沒有想到，法鼓山的硬體尚未建成，臨時性的農禪寺，已有一百多位男女青年來此求度出家了。

既然有了愈來愈多的出家弟子，建立清淨僧團的任務責無旁貸。由於這個僧團是從零開始的，舉凡殿堂作息，規章制度，都是在摸索中一點一滴，累積起來。除了參考佛制的律儀，也參考中國古叢林的清規，尤其還得適應當今社會環境的實際狀況。

我便偶爾於早齋之後，應機開示僧團生活的種種威儀規範，及入眾、隨眾、依眾、靠眾的基本準則。出家是為離俗離欲，出離生死的牢獄；清淨的僧團，便是為出家人提供了離生死苦、得解脫樂的修行環境。至於如何能在僧團的生活環境中，實踐解脫道及菩薩行，法義的觀念引導以及制度的生活規則，是兩大支柱。我的每一篇開示，內容雖各不同，重心則不出這兩條軌道。我自己是隨講隨忘，也沒有一定的次第前後，更沒有準備輯集成冊。倒是有幾位弟子，隨聞隨錄，起初是給他們自己參考，漸漸被大眾傳閱甚至選讀。到了去年，已集成本書初稿，經我親閱之後，弟子們建議付梓問世，可以做為後來者的依循參考。

本書雖是為出家弟子們說的開示，對在家居士的居家修行，也是有很多幫助的。

二〇〇〇年四月二十五日序於紐約東初禪寺

法鼓晨音

目錄

法鼓晨音

目錄

僧團的共住共修

法鼓晨音

目錄

法鼓晨音

目錄

執事應有的觀念

法鼓晨音

目錄

佛法開示

法鼓晨音

目錄

聖嚴師父與法鼓山

編案：各篇文末加注聖嚴法師開示的日期。

出家的心態與觀念

準備落髮的人，一定要發大誓願。

落髮的意義

從行者身分而成為沙彌，有落髮剃度的儀式，但落髮並不等於升級或升等，而是象徵將以前種種的得意、榮耀或失意、挫折，全部放下，也就是剃除對自我執著的煩惱，如自卑、自憐、自傲、自慢等。

一般人總是對種種得意、榮耀執著不捨，因而產生了自傲、自慢；對失意、挫折放不下，因而產生了自卑、怨恨；但是因緣生、因緣滅，世間的一切現象就如夢幻泡影，畢竟是空的，我們來三寶中求度，隨佛出家，就應將這一切的榮辱得失徹底地拋棄，把自己當作初生的嬰兒，重新來過。

如果不能將這個觀念扭轉，我們剛強難伏的性格以及根深柢固的習氣則不易去除。而性格不改，煩惱將無窮無盡，縱然落髮，也會為自己增添無限的困擾，為僧團帶來負擔。

我經常告訴前來請求剃度的人，現在的佛教缺少的是有道德、有修持、有悲願的出家人。如果出家是為了寄生於佛教，偷安於佛門，用經懺佛事、化小緣，或者種種的善巧，來獲得信徒的供養，這是在正與邪的狹縫中求生存，是佛教的敗類，將會使佛教步向衰頹之路。

我們法鼓山僧團用盡心血，正積極地推動人間佛教，化俗導迷，淨化社會、人心。如果我們自己煩惱很重、性格剛烈、冥頑不靈，將破壞佛教的形象，阻斷信眾學佛求法的道路。如果出家前的性格、思想、觀念、行為並未因出家而得到化解，反將這些問題帶入僧團，那麼，僧團的形象、佛教的形象，將因你而受到傷害。

你們的師父拼命地在弘揚佛法，努力扭轉佛教在現代社會中的形象，以及提昇社會人士對佛教的看法。因此，諸位進入僧團後，都應以師父的理念為理念，以常住的方向為方向；如果一出家就有自己的方向和想法，將與整個僧團背道而馳。既然不認同師父與僧團，又何須來此出家？這種人多一個，對佛教而言是多一分損失，因為帶著稜角、帶著刺，不但自害而且害人。

培養品德與悲願

佛教需要的是有品德、有道心、有悲願，以及有專業學問和能力的人才。基本的條件是品德和悲願，如果出家後依舊保持在家人的習氣，雖有專業的學問和能力，卻不能放下得失人我之心，品德便無法提昇，這種人對佛教整體而言反而沒有益處。

所以，準備落髮的人，一定要發大誓願，要徹底地改變自己的性格，將過去的一切放下，多拜佛、懺悔、念佛、感恩，養成柔和善順、忍辱負重的出家品德。所謂「昨日種種譬如昨日死，今日種種譬如今日生」，要用智慧劍將榮耀心斬斷，用悲願火將得失心焚毀，不要讓煩惱、習氣殘留在我們的身心，戕害我們的法身慧命。

千萬不可以自卑或自傲，也不可以看此人不順眼，瞧那人不滿意；挑剔這、排斥那，對這個有意見，對那個有想法。樣樣看不順眼，事事不合己意，這類的人增加之後，僧團將難以運作了。

出家人要「心如明鏡，身如抹布」。落髮後都還不能算是真正的出家人，因為還將身體和想法看得很重，執著身體，身上就有很多刺，執著想法，心中便有很多煩惱。若能如《楞嚴經》所說：「將此身心奉塵剎，是則名為報佛恩。」就能用忍辱負重的觀念來調整自己；心無煩惱，所以像明鏡無塵，身能忍辱，所以像抹布清除汙垢。如果在落髮之後，發現自己離開了道心，就自摸己頭，既已落髮出家，心生慚愧，立即念佛懺悔。

以退為進，以默為辯

你們的師公東初老人曾經問我，知不知道在家人和出家人有什麼不一樣？我說：「出家人的身分和在家人不同，受了比丘戒是比丘，受沙彌戒是沙彌。」老人一直搖頭說：「你再說。」「出家人不可以結婚、不可以存錢。」又搖頭。我實在想不出來，只好請求老人開示。老人說：「我們出家人是以退為進，以默為辯，以奉獻為成就。」

因此，當我們面對他人的指責或批評時，不答辯，辯就是是非，要忍辱負重，而且還要積極地努力以達成奉獻他人的目標。在因緣不許可的情況下，不得盲目地奉獻，當以退為進，保持實力，留得青山有柴燒。虛以待之，並非一味地退而不進。

出家人是以退為進，以默為辯，有道心、悲願心。道心是時常反省自己有沒有驕慢心、自卑心。有些人常為了自己的學歷不高而自卑，有些人則為了身體上的殘缺而自卑，有些人是為了年紀大而自卑。自卑的人全身帶刺，害怕自己的弱點被人捉住；而學歷高、能力強的人易生驕慢，自以為有道心，或比別人還會修行。這都是在家人的心態，會破壞我們的道心，若有這樣的心態，要知慚愧、懺悔。

若自認為有道心，為常住服務多一些、貢獻多一些，指責別人能力差，沒有付出，老是計較為什麼自己要做這麼多，為什麼別人就可以做那麼少，如此驕慢心一起，反而失去了道心，不能平衡。要知道，自己做得好、做得多是應該的，別人少做或做不好，也許是他的體力、智力不勝任之故，要多體諒、多包容。若他來請教，一定要告訴他，自己是如何做的，他可以參考看看，但不一定非照我們的模式做。

學做忍辱負重的出家人

最後，再以數語勉勵大家，當努力學習做一個忍辱負重的出家人：

（一）不跟別人比，道心自增長。

（二）互相勉勵，不可看不起別人。

（三）不可自卑於學歷低、身體弱、智力不足等。

（四）不可閒談。

（五）心念繫在恆課上，如持咒、持佛菩薩名號。任何空檔都要持咒、念佛，不要間斷，如此自然能夠消災除障、去煩惱。

（一九九三年二月二十五日）

和闖‧和樣與和尚

出家人大致上有三種類型，即和闖、和樣與和尚。

「和闖」是指出家以後不久，便到處去闖碼頭、找道場，東奔西跑，說好聽是參學、參訪，說難聽是馬溜子，就像馬一樣到處跑。因為經常居無定所，學無常師，以致行止不得體，沒有威儀。

「和樣」是指在形象上有個出家人的樣子，言行舉止都很有威儀、禮儀，經懺、佛事也做得中規中矩。能夠有個和樣，也就是僧樣，已是很不容易的了，只是課誦時、打坐時都在打妄想，因為業障重，煩惱不斷，因而少了心儀。

「和尚」是指以和為尚，這是中文的解釋，引申為心有寄託，可以很踏實地安於道。能如此就會有菩提心，進而會有慈悲心，懂得如何關懷人、包容人、諒解人，並且適當地隨緣度化眾生，是一寺之主或弘化一方的人。而受戒時有戒和尚，剃度時的剃度和尚，是指可以做為別人的老師，是很穩定的出家人。

諸位來出家，首先宜學和樣，先把出家人的樣子學好，之後才能做和尚。在學和樣的階段，自然就漸漸地走上和尚的方向。

出家後如不能適應僧團的生活，煩惱又非常重，常和環境中的人事產生磨擦，不論是新出家眾或舊住眾，皆應發心多勞動；勞動時，血液會暢通全身，不會集中於腦部，因此妄念會減少，身體會健康。

身心不平衡、不開朗、不安定或心結較重的人，除了多做拜佛、拜懺的恆課外，平時宜多為常住大眾勞動；多做打掃廁所、庭院、雜務等勞力的工作，所付出的血汗可以消業、培福。

（一九九〇年十月十日）

男女・僧俗・內外之分

「男女有界、僧俗有別、內外不同」，這是我再三叮嚀的一句話。

臺灣的佛教，從日據時代起，多半已成了俗化的佛教，光復後又一次大規模地引進大陸的佛教，再從臺灣的先天、龍華等齋教型態轉變而成；這種種因素，使得臺灣的佛教形成了男女眾共住同一寺院，也有女眾跟隨男眾出家，還有平時在家人親近道場或住在寺院等現象，因此男女界限、僧俗差別，更應該注意。

經過多年的演化與努力，臺灣的佛教一方面迎合環境和時代潮流的需要，一方面以戒、定、慧三原則做為修學的依準，所以臺灣佛教具備著傳統佛教的長處與適應現代社會的特色，但也相對地失去了傳統佛教的優點。

農禪寺剛開始不是寺院，只能算是小精舍，當我從美國回來接掌時，只有幾位女眾，慢慢地才增加成有三十幾位男女眾共住的道場。如果男女眾沒有分界就會衍生出許多的痲煩，所以個人在內心與日常生活上都要保持適當的距離，即使是因公而單獨談話也有不妥之處，應找另一個人作陪；在戒律上男女交談不得超過五、六語，而且談論也是以佛法為範疇。

男女眾談話，在第三者看不到的地方絕對要避嫌疑，即使是談公事也一樣；佛經上描述女眾就像毒蛇、地獄坑那樣地可怕，那是對男眾而言；如果對女眾來說，男眾也是如此。為什麼佛要這樣講呢？這是為了成就彼此修行的緣故，怕往來頻繁，妨礙道心。

平日要常提道心與慚愧心，出家後都是光頭模樣，心裡不存男女想，形相上沒有誘惑存在，大家都是來修行的。

我一向自律嚴謹，並且保持三個原則：

（一）和女眾保持適當的距離，防人譏嫌。

（二）和信徒保持適當的僧俗關係，不與信徒談論僧團的經濟、人事、是非，再親近的信徒也是一樣；唯有如此，才能防己流俗，建立信徒對三寶的信心。

（三）不與人有金錢上的瓜葛，障礙修行的清淨心。

信徒是來親近常住、親近道場的，不是來親近常住眾的某一個個人。如果信徒只親近你個人，他本來是三寶弟子，結果成了你私人的勢力，這對常住道場有害，對信徒、對你自己也無益。

若能時時保持這三個原則，到任何地方都會受到歡迎，而且處處也都可以安身。

（一九八九年三月二十一日）

守己與守分

出家人通稱在家人為居士，既已出家離俗，對俗家眷屬親戚，便不可以有伯伯、叔叔、兄、弟、姊、妹等的稱呼。不論他們是不是佛教徒，均可以稱居士或稱菩薩，也可隨俗稱先生或女士；若有職稱，則以其職稱稱呼，如此我們就沒有失禮於對方，同時也把握住我們出家人的身分。

另外，在家人用的普通俗語、俚語、流行語及不雅的名詞或形容詞，甚至惡口語等，出家人是不可以用的，用了有失僧儀。因此待人接物甚至起心動念要小心謹慎，要做到言行舉止完全像個出塵離俗的出家人。

記得我剛從軍中退伍時，覺得當兵的習氣還在，甚至做夢時也常發現自己是個在家人，這表示習氣很可怕。經過大約十年後，這種情形才消失，所以必須常常檢點自己的行為是否得宜。

於守分方面，有四個原則：「僧俗有別、男女有界、內外不同、公私分明。」比丘既不得和婦人混成一片，比丘尼不和男士混在一起，也不可和居士們稱兄道弟、呼姊喊妹，因為你若不把他們當作可敬的在家居士，他們也就不會把你當成出家的師父來尊敬。

出家眾之間，只有師父或長輩可以直呼你們的名字，否則都應互稱師兄，或某師、某法師；若居士有此直呼比丘或比丘尼名字的情形，應該適當善巧地糾正他們，並應檢點自己是否失儀；若有師兄用俚俗語，亦應提醒他：須尊重自己的身分。

守己，須看自己的初發心和初願心是否隨時保持得住。最初發起的道心是不容易經常維持住的，所以常言道：「菩提心易發，恆常心難繼。」菩提心就是成佛之心，這須從行菩薩道開始。難行能行、難忍能忍，是菩薩道，成熟眾生、奉獻出自己是菩薩道，如果消極、厭世、忿惱、瞋恨，便是菩提心遠離了。

我們是為了解脫苦難而來出家的，發心救濟眾生的苦難，是使自己脫離苦難的捷徑，因此我們應當心中常說：「不為自己求安樂，但願眾生得離苦。」亦即菩薩行者，是以度眾生來達成自利利他的目標；所以我們出家人，絕不能變成自私自利的自私鬼。如果念念不忘求得自己的成就，便會念念都在煩惱中掙扎。假若世尊當初也是只為自己求解脫，那便沒有佛教了。

希望大家能守住菩提心的原則，它如同清涼劑一般，會使大家的身、心通達平安無礙之境。

（一九八九年十月五日）

除夕夜好懺悔

除夕來臨時怎麼辦？也就是指一年的最後一天到來時怎麼辦？假使我們的生命到了最後一天，我們會怎麼辦？古時候到了除夕夜，商家都要結帳，債主們也會上門追債，因為年關到了，欠債要還。

「佛法在世間，不離世間覺。」我們生長在中國的風俗環境中，不能不入境隨俗，中華民族的節慶我們也應該要有，但賦予節慶的意義則與世俗人不同。

世俗人過年，是年關前要設法還債結帳，對其事業做一段落性的終結，等過了年再重新出發。我們的心態雖然和在家人不同，但類型相似。在家人結帳，我們也要算一下帳。

出家人也有出家人的事業，也就是道業。我們也欠人債務，這債務就是自己造作的身口意三種行為的善惡業。在除夕夜，應仔細審思，這一年中自己究竟造下了多少業？是白業多抑或是黑業多？跟貪瞋癡相應的都屬於黑業，是三惡道的業因；和戒定慧相應的是白業，即布施、持戒、忍辱、精進、禪定、智慧，也就是六度波羅蜜的菩薩善業。

若無出離心、菩提心，雖修善積福，仍是有漏的善業，我們一定要確實地做檢討，以求日後的改進。

在家人的吃飯掃地和出家人吃飯掃地的意義是截然不同的。既然如此，就沒有理由逃避，在工作之餘，內存慚愧心、懺悔心、感恩心，找時間在佛前禮懺。又是一年新的開始，要發菩提心，發精進勇猛心，發大悲願心，而且要跟出離心相應，以恆常心來推動、維繫。

因此，寺院中出家人過年是以懺悔做為結帳，這也就是我們要拜年懺的原因。其實，年懺應該在年前拜，是懺悔一年來所造作的惡業多於善業，解脫業少於生死業。能在年前檢討自己的身心狀況、煩惱輕重，究竟和出家人的身分、心態有多少不相應之處，這是極難得的福報，不要輕易放棄。

過年期間，有很多的信眾都會到寺院禮佛，大眾不可因人多事忙而讓心渙散掉。心繫佛號，多做實修的工夫：人多時，心還是穩定的，忙碌時；心還是清涼、分明的。

在家人過年是吃喝、玩樂、休閒，出家人過年是精進修行、懺悔、廣結善緣。在家人的假期正是我們增長福慧的時間，在家人利用年假到寺院祈福消災，供養三寶。出家人沒有年假，是更積極地修福修慧，這和在家人不同。

（一九九三年一月二十二日）

居安思危

居安思危、臨危不亂、處變不驚的意義，就是要我們平時持有危機意識。所謂「不見魔，不易見道」，道從魔的對比而生，魔、道一向是並行的。在同一人的身上也是如此，六祖惠能大師就曾這麼說：「煩惱即菩提」，往往在道心抬頭時，魔境也會跟著出來，因此在佛法昌明之際，魔法也會跟著一起出現。

《書經》亦云：「人心惟危，道心惟微。」這說明了人是非常地脆弱，也說明了任何人都有潛在的妒嫉心和破壞心，對人不管有無仇恨，利害是息息相關的。對他人的缺點會嘲笑，對他人的失敗會高興，對他人的成功會妒嫉，對他人的優勢會瞋恨，幸災樂禍，隔岸觀火，這就是人心陰暗的一面。

因此，在我們接受讚歎之際，也要檢點自己，千萬不能得意忘形，稍一疏忽，就會失去方向。也要常常提醒自己，隨時會有暗流來襲，謹慎提防攻擊、毀謗的狀況發生。

愈是眾人注目的焦點，愈要小心謹慎，出家人在財務上、男女關係上尤應留心注意，因為出家人的男女關係特別受到社會的關注和猜疑。

還有，金錢是任何人都特別喜愛的，只要有一點點的不清楚，被人懷疑私占、捲款或挪用，都會帶來多餘的麻煩，所以要特別地小心。

最重要的是，要時時將心繫於道念上，片刻不離佛法的思惟，如此才不致於偏離了成佛的道路。

（一九九二年七月十日）

穩固出家的心態

諸位既然決定要出家就出家，不要三心二意，一會兒想出家，一會兒又想讀書。若真的很想讀書就先去讀，讀完了再說，要不然一顆心掛兩邊，很辛苦。

我們法鼓山僧團是以養成出家人的威儀、心態及生活方式為優先，而且僧團未來也會走向佛學院制度，以落實各種的僧教育，從出家的基礎上慢慢培養出佛門的龍象。

因此，請諸位不要好高騖遠，也不要想一步登天，更不要一邊想出家，一邊又想去深造。年紀大一點的人也不能總是認為自己年紀已經老了，就讓年輕人去做吧。

新來的住眾最好先多拜佛，並發心為大眾服勞役，趕緊將道心培養起來。不要老在妄想堆裡過日子，要腳踏實地、安安穩穩地學做出家人。想太多，只是平添不必要的煩惱和困擾。

縱然是天天拜佛，打掃廁所，也會成為祖師。歷代祖師大德中就有好幾位從掃廁所上路的，憨山大師在他的《夢遊集》中提到，在他參學中最懷念一個黃面淨頭，長了一臉的黃腫病，天天掃廁所。此人有見地，穩穩重重的，不好出風頭，不自我標榜，雖然他不見得能宣講《華嚴經》或《法華經》，卻自有另一種成就。

出家人的生活方式、心態、威儀一定要先養成。若出家人的心態未養成，出家人的生活也不習慣，即使穿上出家人的衣服，模樣是出家人，心理卻還是在家人，對整體佛教而言是沒有半點好處的。俗話常說：「沒有辮子的在家人」，或者是「光頭俗漢」，這是因為在家人也能講經說法，而且頭頭是道。所以出家人不跟人比學問，而是以出家人的身儀、心儀為標準；身、心皆有軌範，誠於中，形於外，自然能感得他人的敬重。

心態的養成是從儀態上來完成的，也就是以外在有形的生活軌範，輔以佛法的基本原則來引導，然後完成內在無形的品德涵養與思想。通常出家五夏之內要先學律儀，律儀能將我們的身心調柔得像一個出家人。

我們僧眾的教育是有一定層級的，當逐步養成身儀、口儀、心儀之後，下一步自然會走得穩固。

（一九九二年七月八日）

如何調身與調心

時常保持心平氣和，心理平衡、平靜，身體自然就會健康。

調適身心

出家的本身就是出家的目的。出家以後，若想一級一級地往上攀爬，成就什麼名位，結果當然是煩惱不斷；因為這些都是煩惱的根源。即使是急著希望成就戒行、禪定、智慧，而茫茫然地四處去尋訪明師、找道場，也是煩惱根本。

出家後應凡事盡力去做，盡力之後，即使沒做好也對得起自己，不會心存內疚。若做不好一直責備自己，就會始終處於痛苦的深淵裡而不能自拔；但若一意放任自己，不求改進，則會懈怠，這兩種方式都不好，會障礙我們的修行。

最好的方法是我們應時時懺悔，一次次地懺悔。為什麼能夠做而不做？是心力不足？還是能力、體力不足？

心裡如果「打結」了，此時最好能向內觀看自己的起心動念處；若向外看，盡是別人的不對以及環境的問題，而認為自己沒問題，因而使我們生起傷心、憤怒、興奮、埋怨、憂鬱等種種現象。這些現象都是有害健康的，會使得我們的肝火上升，內分泌失調，如此一來，我們的身體就容易出毛病。

若常與人嘔氣，心有千萬結，濃得化不開，就會有頭重腳輕的現象，而且不易入眠，頭腦因此得不到適度的休息；白天迷迷糊糊的，晚上卻清清楚楚的，容易導致神經衰弱。

腳底冷、四肢冷是因為血液循環不好、氣血不通的緣故；應該好好地數息、觀呼吸，讓重心感向下。

時常保持心平氣和，一副氣定神閒的模樣，下身一定很穩定，腳底也會暖和；如此上身自然會很輕鬆，就像不倒翁一樣，站起來毫不費力氣。所以，保持心理平衡、平靜，身體自然也就會健康。

（一九八九年三月二十三日）

心不隨境轉

心隨境轉，即是煩惱，即是凡夫，會為自己也為他人帶來困擾。學習佛法的人，不可以心隨境轉，可是我們卻經常陷在境中，不是在內境，就是在外境，由於觀念模糊，又不善於用方法，於是忙得團團轉，不知該將心安放何處？

內境是指心中的妄想、煩惱，外境是環境中的人事。大多數的人認為煩惱來自外境，為此對外境產生占有、排斥或對立。其中，事雖不會惹來煩惱、困擾，但因為有人心的作用，因為加進了「人」，啓動了妄念，

「事」就變得複雜，就會衍生出很多令人煩惱不已的問題來。

事實上，最難應付的是內境的虛妄念及顛倒想。一般的人都只想到瞋愛等的境界現前時是苦惱，卻沒有意會到妄念、狂想也很麻煩。例如有一樣食物在你面前，吃也好，不吃也好，沒有什麼關係；可是萬一有人叫你非吃不可，或者你想吃而他偏不給你吃，或者給你少一點，這時候你的心便起了煩惱。這些源自心內的狂想、妄念，很少人能夠明察秋毫，總認為是外境的問題，因而埋怨環境、責怪環境，無法安心。

心隨境轉，涵蓋了心外之境和心內之境。一般心內之境是指貪、瞋、愚癡，稱為三毒；此三心一經觸動，煩惱隨之而至。不能安心的人，此三毒隨時都可能從八識田中冒竄出來，然後在心田中猛打煩惱鼓。煩惱鼓一打，心就不能安；心不能安，身體也就跟著不安；身體不安，就要找醫生看病了。

此外，身不能安，便容易跟自己過不去，也易與人樹敵，跟人生氣，對任何事情也都覺得不對勁。而且身體害了病，醫生便會要你治療、調養，本來是小病，一下子更增添了另一層病，心病又接踵而來。

本來是心病，然後變成身病，身病又變成心病，這身、心兩種病的惡性循環如滾雪球般，愈滾愈大。所以，看病愈看愈多、範圍愈看愈大，心離開佛道也就愈來愈遠。

病是業報，業隨心轉。有謂「罪性本空由心造，心若滅時罪亦亡，罪亡心滅兩俱空，是則名為真懺悔。」

這是因為實證「空性」的緣故。所以要常常練習觀空；心住於空，安於空，觀無常，觀無我，重病就會變輕病，輕病漸漸地就會轉為無病。這是收心、攝心的方法，一定要學會，不要被境界所轉了。

（一九九二年七月十五日）

彼此體諒・互相關懷

有些人因為關心他人，反而失去了自己，把他人的問題變成了自己的問題，這實在是愚癡的作法。

原則上，我們應該要關心他人，也要用種種辦法去幫助他解決問題。但是如果實在幫不了忙，就要適可而止了，因為已盡了全力。也就是說，當盡你的全力救火，但不可以引火自焚，否則，於己固有害，於人亦無益。

有時候，常住發生了一些事情，我雖然沒有處理，但我是知道的，因為某些事情你們會自行處理，也懂得如何處理。如果老是要師父替你們解決問題，那麼，你們就不會有自己的體驗，也不會有所成長。

雖然我不常和常住眾個別談話，我卻是一直關懷著大眾的每一個人，而且常常利用早齋後開示，即使和執事談話，也是為了要瞭解大眾事。

大家要知道，執事們付出的心力要比一般人來得多，擔任執事是要以服務代替領導，以慈悲心的付出才能對大眾起領導作用；大眾能在道心上成長，也就是執事們的福慧成就。

你們若不聽話，不接受我的指導，我就無法感化你們，我會覺得很罪過，因為這表示我的慈悲心不夠、能力不足、感化力不大，沒有給你們更多的關懷與指導。我只會反省自己，不會責怪你們。

希望大眾對師父、對常住，以及師兄弟彼此之間，不要有猜忌心，否則會為自己帶來困擾和煩惱，因而產生怨忿心、不平衡的心，不能安心，就不能安身，慢慢地便會在僧團住不下去了。

請大家要在菩提道上彼此諒解、勉勵和關懷。

（一九八九年十月十六日）

學佛的清淨三業

大家都是來學佛修行的，所謂學佛修行，據蕅益大師的解釋是以佛的清淨無礙身、口、意三業，做為標準來學習。雖然凡夫無法跟佛一樣，但應該時時刻刻皆朝著這個方向努力。

語業是口不離佛法，以佛法和人談論，使人從中獲益並讚歎佛法，並且令自己信心增加，隨時與佛法相應，自利又利他。

不論是修學人天乘或大小乘的佛法，都必須捨離貪、瞋、癡、慢等無明，若無法立刻捨離，最少應保持距離，否則，非但於己無益，對人也有損。佛法是要我們離欲的，也必然是利人的，所以應勉勵自己非佛語不説，這就是口業清淨。

身業是以佛行來做為我們自己的行為準則，佛行必然與菩薩戒的菩薩行相應，我們學佛行就是要將身體的動作、表情、威儀，在舉手投足之間都和佛的清淨身業相應，雖然無法時時相應，至少應朝著這個方向努力。

佛心即是佛的清淨意業，是智慧與慈悲的融會，我們的起心動念雖不能全像佛心一樣，但於動念時，應觀察是否和佛的智慧、慈悲相應。

利他是清淨心，是不求果報及回饋的心，也就是基於菩提心的菩薩行。如果想到付出時，沒有回收很冤枉；認為自己犧牲太大了，沒有人讚歎你、擁護你，仍然是默默無聞，因此而失望、消極、悲觀；認為這個僧團的師父方丈及綱領執事們沒有關懷你而忿忿不平，如此的修行既非人天道，更說不上菩薩道，這是三惡道。

法鼓山僧團的前身是三學研修院，實際上是以佛語做為我們的語言，以佛行做為我們的行為，以佛心做為我們起心動念的依準，能夠如此，即是修行。

假如說話尖銳、狠毒、刻薄，動作輕浮、散漫，心有不滿、憤怒，和佛的三業都不能相應時，應想辦法隨時檢點懺悔、修正自己。如果在人前人後，朝著佛的三業努力，一切就會平安如意。

（一九八九年九月二十二日）

海綿精神

我們學佛修行的人，應該具備兩種態度——內方、外圓。

「內方」是指應把握佛法的原則和自己的身分、立場，不要放棄自己的立場，也不要將自己的身分顛倒了。

「外圓」是要柔和能忍，柔並不等於是隨波逐流，仍須堅守崗位，如同有彈性的海綿，壓了它，不但不會反彈，反而會凹陷下去，等壓力離開後慢慢地又回復了原狀。

為人處事不要剛強、任意，必須是柔和的，但要有立場，這是依律、依法而守原則，否則會傷害他人也會傷害自己；如果又對人反應太快或太激烈，對方便會反抗、反彈。

六波羅蜜中，就有一項是修忍辱行。修學佛法的人，沒有一件事不能忍，也就是應該學習海綿的精神。

但有人誤解佛教的忍辱是一味地忍讓，會讓人欺負；並且認為，如果壞人不受處罰會更壞，將使得好人無路可走，變成全是壞人橫行的天下。這種想法並不正確，也不是事實。

我們應該要這樣想，多半的人可能會一時失去理性，不能控制自己，根本不知道自己做錯了什麼事。雖然在人類的性格裡，多多少少都潛藏著一些獸性的成分，但是我們不要如此形容它，而是要說，人的內分泌組織及生理系統偶爾會失調，因此沒有一個人的身心是百分之百的平衡。

雖然由於教養和環境的關係，會懂得自我約束，但有時候仍會有反常現象出現的可能，所以我們要用修行或感化的方式來調整及改善它，應該經常注意並隨時調整、調柔自己的身心，然後這些生理作用，慢慢地就會受到修行力量的影響。

我們學佛的人，應以慈悲心待人，以忍辱心來接受一切的橫逆，但亦要用智慧來解決所面臨的橫逆。

（一九八九年八月二十四日）

拜佛懺悔求安心

養成一位身心安穩的出家人約需十年的時間，但亦視各人的善根而定。善根深厚者，未出家前已經很穩定，業障少，住進僧團數年後就會很踏實；而身心不安穩，易生煩惱、魔障連連的人，落髮前必須養成多拜佛的習慣。已落髮的沙彌（尼），在未受比丘（尼）戒之前一樣要多拜佛；已受大戒者更應知慚愧，常拜佛。

有許多人認為頭髮一剃，衣服一換，煩惱就沒有了，哪有這回事？頭髮是頭皮上的事，衣服是身體以外的事，在我們心內的問題尚未解決之前，即使砍掉了頭也是沒有用的。所以，一定要從內心生起大慚愧、大懺悔、大感恩的心，經常拜佛。

常存慚愧、懺悔、感恩心

當慚愧心、懺悔心、感恩心養成後，自然而然會懂得謙遜，煩惱也比較不容易染著，因為煩惱從心生起時，馬上就如同雪花遇到太陽或火焰一般，融化掉了。

曾有一位西方人告訴我：「我有病，要用意志力來抗拒、對付、拚命。」我說：「你不拚命，或許還可以活得久一點，一拚命就會活得很辛苦。」我們出家學佛的人也是一樣，當煩惱現前之際，不是和煩惱對抗，而是用慚愧、懺悔、感恩的心來融化它。

當我們的煩惱生起時，常常會覺得是外面的環境帶給我們的，而且感受非常地強烈。例如我們常會為了別人不經意或非故意的一句話、一個動作、一個表情、一件芝麻小事而消受不了，認為是別人給我們的煩惱。其實，這多半是你主觀心理上的認知或感受，事實未必如此。

煩惱是從我們自己內心產生的妄念，此「心」不是指心理學上的心，而是我們的意識心、八識心；而感覺才是針對外境而來的。如果我們的內心沒有這些問題，那麼對外在的環境就有免疫作用。若缺乏這種免疫力，就很容易受到感染，任何細菌一沾身，煩惱病馬上就會現行。以拜佛來慚愧、懺悔、感恩，就是預防針，可以讓我們的心產生免疫作用，修行人就是用這種方式來化解煩惱的。

如果我們每個人都有慚愧心、懺悔心、感恩心，那麼，在平常生活中就會很平穩、踏實。但是慚愧、懺悔不是要你打耳光、搥胸、頓足、磕響頭，這些都沒有用，因為煩惱不在耳光上，也不在胸部或頭上，而是在我們的心中，所以要用懇切的慚愧、懺悔心來拜佛；拜佛時，要感恩三寶，慶幸自己已經聞法學佛，心中便會平平靜靜、安安穩穩、妥妥貼貼的，沒有一絲一毫的情緒在內起伏、波盪了。

兩寸深的腳印

過去，虛雲老和尚為報母恩，從普陀山三步一拜，拜到五臺山。另外，我曾經在少林寺及九華山看到佛前有一塊磚頭，磚頭上有一對腳印約二寸多深，據說以前各有一位出家人每天站在那兒拜佛，久而久之，就現出兩寸多深的腳印。不知道五十年後，在我們的大殿上是不是也會有這樣的腳印？

現在常住大部分的人都已比較能安心了，可是自覺安心的人，不要以為大概沒事了；心未動，或許是在孵「小公雞」（案：指好鬥爭寵的脾氣）也不一定，只是心粗未察覺而已。

暴風雨前，通常會有一段寧靜的時間，隨後，山洪就暴發了；尤其是心很剛強的人，煩惱不容易調伏，往往自認為已經調伏了，可是一旦跟人接觸，馬上就又像刺蝟一般到處螫人。所以現前沒有煩惱，並不表示永遠平安無事，反而要提醒自己，多拜佛、多懺悔、多消往昔的罪業。若等到煩惱來了，業障現前，才來拜佛求懺悔就來不及了。

我小時候出家，也是從拜佛當中得到了感應，開啓了智慧。但是，拜佛不是要求感應，而是為了要消自己的業障，替自己打預防針。

所以我們沒有煩惱時要拜佛，有煩惱時也要拜佛。佛曾經說過，要少欲、知足、知慚愧、懺悔，懺悔則安樂，這是非常重要的。

（一九九二年八月二十三日）

煩惱消歸自心

諸位必須多多學習向心內觀照，平時尤應注意心念的活動，是否與貪瞋癡慢疑等相應，即使不能在當下覺知，也須於事後加以疏導；其中，癡心是較不易被察覺的，更應細心觀照。

這可分成三個步驟來練習：

（一）不要以貪瞋癡慢疑來對待自己，如怨恨自己的障重無福、懷疑自己樣樣不如人。

（二）對事情不要用貪瞋癡慢疑來處理，如對環境的種種現象的疑慮、不安。

（三）待人不能用貪瞋癡慢疑來應對，如怨恨他人、懷疑他人，這一點也是最難做到的。

如果我們處處與貪瞋癡慢疑相應，就會經常掉進煩惱堆裡，既不能安心，也不能安人。

用佛法向內心觀照

我常說：「你家有事，他家有事，我家沒有事。」這是說，如果我們用佛法的觀念，向自己的內心觀照、思惟，就不會與煩惱相應，但若往外觀看，貪瞋癡慢疑就會隨之而來。

曾經有兩位泰國比丘來我們的中華佛學研究所讀書，才剛大學畢業，非常年輕，分別出家一年半到兩年，講話的態度很安詳，有威儀，予人一種穩重、安定的感覺。

他們的威儀是用修行的方法養成的，平日經常練習著觀想自己的心中有一尊透明的水晶佛像，一層又一層地向深處觀看，看到最後自己是空的。若能經常這樣往內看，直到自己也沒有了，這時候，別人罵你，你也不會生氣了，而能使得你自己的身心安定，不浮躁。

因此，要常常注意自己的心念，當感覺到有煩惱時，就往內看，究竟是誰在煩惱，或是有什麼煩惱放不下呢？一經迴心返觀，煩惱就不見了。如果人人都能如此做，雖然在日常生活上仍然有很多的缺陷，我們的身心卻能經常保持在無事狀態中，那就是處在淨土中了。

先當別人的墊腳石

另外，要有先當別人的墊腳石，先成就他人的胸襟，那才是真菩薩道。

或許有人要問：「我先成就別人，那誰來成就我？」有這樣的問題出現時，就已經離開了佛道。此時應先摸摸自己的頭，告訴自己：「既然出了家，就不應該有這樣的想法。」

不求自我的成就，這才是真正在成就自己，如此一來，身心兩安，出家也就成功了。

（一九九〇年七月二十四日）

多念佛・勤拜佛・堅固信心

諸位菩薩既來出家了，就要記得以多念佛、勤拜佛、常懺悔、恆感恩，來提振自己的信心。

大家因為打坐之故，只知道坐禪！坐禪！坐禪！到最後變成很慘！很慘！很慘！為什麼呢？出家之前的積習太重，宿昔業障太多，如果只打坐，而不禮拜懺悔和感恩，時間稍久，便提不起道心，信心也跟著退失。

我經常告訴諸位，工作就是一種修行，例如掃廁所、擦地板時可以念佛攝心、安心；洗澡時可以念佛攝心、安心；走路時也可以念佛攝心、安心；在廚房裡揀菜、切菜、炒菜同樣也可以念佛攝心、安心；做會計工作時，撥一個算盤珠子，念一聲佛號；甚至在洗車、擦車時，你可以說：「阿彌陀佛，洗我的心，擦我的心。」

任何時間，任何地方，不論是在做什麼，只要不是用腦思考的工作及活動時，不要打妄想，就是念佛，老老實實、輕輕鬆鬆地念阿彌陀佛，或念觀世音菩薩，都可以念佛號來攝心、安心。

平時也要多拜佛，固定地拜某一尊佛，或拜十方三世佛。

還有，非常累的時候，多拜佛很有用，即使只有十分鐘、二十分鐘也好。而且最好是快拜，拜得渾身出汗，身體會覺得很輕鬆，然後再洗個熱水澡、擦個臉，睡覺時就很容易入眠了。如果很累而馬上躺下睡覺，身體緊張、肌肉緊張，睡不著，也睡不好。所以諸位即使覺得累的時候，也要拜佛。至於頭腦清醒、身體輕鬆時，就可以慢慢拜。

有空的時候，拜佛；做事的時候，念佛。師父教的修行方法都是經驗談，要練習著用，不要當成耳邊風。希望諸位記得多念佛、多拜佛、常懺悔、常感恩，這對業障的消除、信心的堅固有很大的用處。

（一九九四年四月十九日）

保重身體

什麼叫保重身體？

吃，不要過量，要吃飽不要挨餓；睡覺時睡覺；工作時工作；休息時休息；運動時運動；打坐時打坐；髒了洗澡；冷了多穿衣服；感冒時多喝水；這就叫保重。

走路要小心、專心；有煩惱時多念佛、多拜佛、知慚愧、常懺悔，但不是丟下應做的工作去念佛；而是利用工作時默默念佛，閒餘時多多拜佛，但不要徹夜不眠不休，否則長時間下去會病倒。

要為法珍重，三寶都要靠大家來撐持、發揚光大，所以為了三寶，諸位要愛護自己，保重身體。不過，我也一再勸勉大眾：「道心第一，健康第二，學問第三」，切勿本末倒置。

（一九八九年四月八日）

安心的方法

如果心不安、不穩定，應該多拜佛、多懺悔。有方法最好用方法，若用不上，就注意自己的心在做什麼，將身心放鬆，感覺自己的身體，輕輕鬆鬆地，心是沁沁涼涼的，好踏實、好安穩。

若打坐心不安，很不耐煩，就下座拜佛去。拜佛時可以用懺悔的方法拜，也可以每念一句佛號就拜一拜，或者注意當下的動作，感覺拜佛時身心的柔軟、安詳。

拜佛累了就打坐；打坐坐得心浮氣躁就拜佛，兩種輪著用，日子一久，心自然就會安定下來。

不要浪費時間聊天、散心、看書報、進網站。指定的功課當然要看，不急著看的書暫時不看，要把握難得的時間拜佛、打坐、念佛。否則心安不下來，往往不認為是自己不會善用時間，反而覺得是環境有問題，埋怨僧團只接受你們來出家，卻不教育、培養、安頓你們，使你們受苦受難。

其實安心是自己要去實踐的事，師父已教了你們方法，僧團也給了你們環境，你們要懂得如何來安排自己的時間，這是必須在日常生活中學習的。

談天有時雖也能消遣、解悶，但還是少一點為妙，多一點時間拜佛、打坐、念佛。任何時間，心要不離佛德、佛號；一離開，心就跟道脫節，一脫節便有許多的問題產生。心中一產生煩惱，身體上的病痛馬上就跟著來。

很多人覺得我們的運動量不夠，環境空間擁擠，營養不足，空氣不好，事情太多，人太雜，因此身體不好。

這些因素固然存在，但就算逃入深山，也有東西煩你，而且人跟人在一起也一定不會感到樣樣順意。不過，自己若能安心，時常和佛法在一起，至少心中有佛，心就不會煩悶，就不會有這些感覺了。

（一九九二年七月八日）

僧團的共住共修

僧團的每一個人都有責任來維護佛法的尊嚴，推動佛法普及人間。

愛惜常住

什麼是常住？是三寶住世的代名詞，是由三人以上的比丘眾或比丘尼眾共住的道場，是依法住、依律住、依僧住，以戒為師。一個人住，不是常住僧，依眾靠眾而住才是常住眾或常住僧，一個人不能遵行正法律，律一定要有僧眾始能施行。

住世的佛、法、僧，稱為十方常住三寶，是普遍而永住的意思。

釋迦世尊制戒，也制律。戒是一條條的法規條文、戒相，規範個人的身口意三業，令之有所遵循，漸漸地達到清淨的目的。換句話說，不論是少人住或是多人住，也不論是否有老師的教誨，人人都應遵守的本分，以戒為師。

常住僧的共住，是指一個共同生活的集合體，這個集合體就是僧團的組織，是以「律」為共同的生活軌範。

如法如律，和合而住

過去僧、現前僧及未來僧都要依律而住，十方常住僧眾也是依律而住；只要有三人以上的出家比丘、比丘尼住在一起，都要依律而住，這是一種民主的生活方式。而僧團中的每一個人也都有責任，共同來維護佛法的尊嚴，推動佛法普及人間。

所以，常住不是專指某一個人、某一件事或某一項物品，而是指三寶，住在同一區域範圍內的僧眾，都必須依據世尊所制訂的戒律來遵行出家的生活。

修持和弘揚佛法皆須以常住為原則，否則，在同一區域的出家人，可能會彼此對立、矛盾、批評、鬥爭，這將危害到佛教的存在和佛法的推行，因而僧團必須如法如律，和合而住。而一個和合的僧團，本身即已表現了佛法常住世間的精神。

常住裡若有幾個人有共同的意見產生，另外幾個人也有不同的意見，於是形成了兩個對立分明的團體或陣容，那可能會將所有的時間、精神、心血耗在黨派爭執的漩渦裡，這就不好了。因為對內不能和諧，對外也就無法產生攝化的力量。

因此，在常住裡不允許有兩個以上的人另外組成一黨，也不能有某幾個人好得膩在一起的事情，必須人人保持個別獨立，否則成群結黨，言不及法，心與律背離，便容易造成對立，破和合僧的大罪。目前社會上的各種團體就是如此，因有種種利害關係的存在，造成許多派系間的紛爭，這就不是常住的僧團了。

相互體諒個別的差異

常住要依律儀的原則來生活、運作，這才能使六和敬的精神更加圓滿。所謂和敬，並不是指見解上及職務上的相同，因為每個人的修學程度及做事能力都不一樣，每個人的才能、智慧、福報也都不相同。

有許多人總認為自己的才能、智慧、福報比別人好，至少也不差什麼，但卻沒有受到重視；其實，只要每個人恪守本位，盡力而為，而能力強，有機會時要多付出一些，這才叫作公平。

不過，能力強且付出多的人，必須有平等心、感恩心，不能驕傲、自大。在僧團中，雖然每個人有不同的職務和工作，但是利和同均，所有的生活條件大家都是平等的，隨眾作息的生活規矩大家都要共同遵守，但也要相互體諒個別的差異。

希望大家盡力配合常住，為了要愛惜自己，就必須要愛惜常住，不要如同一盤散沙，否則就會認為常住環境不理想，而無法安於常住了。

（一九八九年九月四日）

依共住規約而住

常住大眾是依律、依法而住。具體言之，律是由大家同意，經由師父或方丈認可的共同生活規約，但是中國的寺院，從一開始就因為文化背景、社會環境和印度不同，所以無法完全依照印度的律制而行。

從百丈禪師開始，中國便有了百丈清規，到了宋朝也有了禪苑清規，大致上，中國的寺院皆以清規為準則。

我們現在雖然不是完全依照清規而行，但也有共同的生活準則，而其基本精神是和戒、和律相應的，不能違背佛法戒定慧三無漏學的基本原則。

常住的生活規約，需要大眾共同遵守和維護，絕不能輕易地廢除、改變，否則大眾會無所適從，執事也會難以執行。常住是屬於大家的，若常住有了障礙或受到損害，每個人都會因而蒙受損失。

為了整體的常住，每個人一定要在規約之內運作、生活；大眾不能沒有規約依循，而執行的人也不可將自己置於規約之外；因此，依常住而住，就是依共住規約而住。

（一九八九年九月四日）

法統和僧倫

如百川入海，當任何一條河川流入大海時，就失去了它原有的名字和特性；所以說，不論任何種姓、階層的人，出了家後，就是釋氏種族的弟子。就如同過去中國的皇帝，對於功在國家的人，就賜予皇族的姓氏，這是一種榮譽和肯定，同樣地，釋迦世尊打破了印度四大階級的觀念，出了家就同為釋氏。

另外，釋迦佛也說：「我在僧中」及「我不領眾」；佛說他是僧團中的一分子，但他不是僧團的領導者，他一樣是依大眾住，依僧團處事。因此，佛受供養時，也要將供養物交給僧團大眾處理，不自行個別處理。這兩句話，在近代以來，特別受到鼓勵、主張和引用，因為現在是民主時代了，所以大家的事，由大家來共同處理。

僧中事，僧中辦，這固然是值得讚揚的，可是大家不要誤解了它的意義。以為只要僧，不要佛，認為佛並不值得做為一個信仰的中心，不是皈依處，這種想法就大錯特錯了。

三皈依中，有佛才有法，有法才有僧，依僧住，如法修，見法則見佛，不要顛倒了，如果只有僧而不信佛及法，那是外道的團體。相信諸位常住眾，都是三寶弟子，應該不會對它產生懷疑。

方丈和尚是僧團的精神領袖

在現今的僧團中，「方丈和尚」扮演著何種角色呢？在叢林裡，是以和尚為精神的領導中心及依止師，他平時雖不處理行政上的事務，但最後的裁決是由和尚批准和認定的。僧中發生重大的事件，如：義理之爭、人事變動、財產變更等，不能僅由大眾投票決定通過，一定要告知和尚，因為和尚有決定權、指揮權及糾正權，大眾應以和尚為依止，他是僧團的精神領袖，也是僧儀的楷模。

在叢林裡和尚有任期的年限，但卻從未發生過由大眾開會通過罷免和尚的事，因為和尚是正法的代表，是由前一代的和尚傳法而授記的。雖然和尚可以同時傳很多法子，但只能由一個一個依序傳位。

如果你對和尚所傳的法子及所做的決定不服從，甚至連你這個僧眾的身分可能都成了問題，因為你否定了和尚的決定，而且也否定了上一代和尚的尊嚴和地位。

法統是很重要的，如果法統有了問題，那法子本身就是問題了，大眾若否定和尚傳承的尊嚴，整個道場會因為沒有源頭而頹廢、消失。因此在常住裡，除了盡量以大眾的意見為主，更須有倫理的次第和法統的關係；法統是以師父或方丈和尚為準，倫理是以先後次第為準。

師兄弟倫理繫之以道

過去我在日本留學時，日本人很注重倫理關係，不論是上對下或是下對上都不直呼名字，而另有一個尊稱。我所要強調的是不能反上，雖然先來的人不一定事事都對，但是仍然要維持僧團的法統，不能抗爭、反對。

師兄弟間平日繫之以道，要互相扶持、提攜；師兄要照顧師弟，師弟要尊從師兄，而且對師父或方丈不能頂撞、違逆，否則在僧團中就不能安心了。師父或方丈如果也犯了錯誤，僧團大眾應當以恭敬至誠心來請示勸告。

師父或方丈不獨裁，師父或方丈一定會尊重弟子的人格及建言，但諸位是依止師父或方丈來出家的，若否定了師父或方丈，那你們出家的身分都有問題了。因此，僧團中倫理和法統的關係是很重要的，一定要維繫。

假如寺院有了規模，樹立了自身的風範，那麼信眾來到寺裡，不一定非要見到師父或請示師父、方丈不可，見到我們任何一位相關的常住眾或執事，就如同見到師父或方丈一般，這是由於大眾形成了寺風。

信眾是僧團的，而不是師父或方丈一個人的，只要接觸到這個道場的任何一個人，就能感受到師父或方丈的風範。但是一般仍有分別心，認為見到清眾不等於見到師父或方丈，必要時仍得安排見師父或方丈。

所以，我要告訴大家，應以僧團大眾的立場利益為考量，而且法統和倫理要分清楚。

（一九八九年八月二十三日）

以師父爲中心

在僧團，首先以師父或方丈為中心；其次，以僧團、常住為依歸。

雖然大家都是隨佛出家，但要相信師父或方丈，是代表僧團，故要以師父的精神為精神，以師父的觀念為觀念。

大眾可以有個人的精神和觀念，但必須在師父的許可，以及不違背僧團運作的情況下表現出來，否則，會給師父帶來麻煩，也會和常住大眾互相牴觸，那樣僧團就無法做到安眾、攝眾、化眾的功能了。

同樣地，當以師父的志願為志願，以常住的考慮為考慮，以僧團的思想為思想。唯有如此，漸漸地，才能將煩惱根本的自我中心減少。

（一九八九年八月二十一日）

如何適應常住的生活

出家人的想法與在家人正好相反，在僧團中若要和合無諍，應設法將自己融入團體中，不要求他人或團體來適應自己。不跟環境中的人事物拼鬥，要培養柔軟的心，慈悲他人，關懷團體。

常住的環境若不理想，可經由正常管道向組長反應，請其在執事會議時提出反應，以便加以改善；不過，若建議未獲採納或考慮，請稍安勿躁，或許此時因緣尚未成熟，不妨靜心等待，同時設法促成因緣，稍後再重提建議。或者那只是你個人的想法作法，團體大眾未必需要採用你的建議。

有問題要反應，但不是反抗，建議亦非反對。講話要中肯、客觀、適人、適時、適地，分層負責，分層處理。從行者開始，就要把僧儀的教育紮實地做好，養成精進、清淨、勤勉等美德，一旦成為沙彌（尼）、比丘（尼），言行舉止才能恰如其分。

平時不為自己添煩惱，也不埋怨自己或他人。煩惱重、心不安，是缺乏慚愧心、懺悔心、感恩心的緣故，要勤拜佛，早晚打坐共修時也要多拜佛，多做懺悔禮拜。

還有，要隨眾作息，隨眾過堂，參與共修活動，那是放下「我執」的好方法。

（一九九五年七月二十四日）

依眾靠眾

有人對出家人的生活與修行的觀念，感到很困惑。為常住的事務工作，和拜佛、念佛、打坐、拜經、誦經，究竟哪種算是修行，修行與事務是否有矛盾？

目前的生活作息中，早晚課誦、打坐，以及拜佛，還有個人自修，加起來的用功時間已經不少，雖然看似零散，卻有調劑的作用。出坡、辦公的時間畢竟不多，何況身在常住，必須分擔一份工作，乃是自助助人、自利利他的修行生活。

假如每個人進入僧團之後，都要求更多屬於個人的時間，那麼團體會很散亂，缺乏攝眾的凝聚力量，而對外度化以及對內安眾的常住公事，勢必要由師父一人來獨擔，這樣合理嗎？

其實，共修要比個人自修來得好，住在僧團雖然會挨罵、挨管，無形中卻能讓個人的稜角、毛病愈來愈少，處事方法也自然漸趨圓融；單獨一人住茅蓬無人切磋，容易鬆散、懈怠，又由於缺少與人互動，性格中的稜角也不易去除。

為什麼出家受戒五年後，才可以離開依止師？因為五年乃至十年之後，才養成了應有的僧儀，也認識了基本的佛法，等到具備有戒定慧三學的基礎之後，也才有個人自修的條件。

所以，出家後很快就想離開師父、離開常住，那表示最初的選擇就是一項錯誤的決定，因為我自信不是一位不稱職的師父，我們法鼓山僧團也不是誤人子弟的道場。而且住僧團，依眾靠眾，威儀整齊，舉止動靜皆有規矩，這便是共住共修的好處。

（一九八九年三月二十五日）

謹言慎口

所謂人多嘴雜，通常議論紛紛之後，本來無事也會變成有事。俗話說：「一犬吠影，百犬吠聲。」吠聲吠影都是疑神疑鬼的形容，疑心容易生暗鬼，所以不要隨意猜測、懷疑。

他人的隱私和你無關，不要管它。你一管它，煩惱隨之就來，再經渲染，連帶也影響了他人，僧團很忌諱這種事。所以要保障他人的隱私，同時也可保持自心的清淨，不得多嘴搬弄是非。

修行的人要開誠布公、真誠相待，這就是所謂的直心是道場。不要以歪曲心、猜忌心對人，但也不是故意宣揚己惡。過去做錯的事，對著被你得罪的人懺悔道歉，或在佛前發露懺悔即可，不必逢人便說，那樣對己對人都有好處。

（一九八九年八月三日）

師兄弟相處之道

常住眾彼此相處，應有溫馨的感受，但是溫馨並非指一般性的噓寒問暖，譬如「昨晚被子蓋好沒有？」「今早有沒有吃早餐？」等等。

溫馨也不是指當你正在忙時，有人伸出援手來替你做；或當你心裡煩悶，拿不定主意時，對你說些無關痛癢的話；更不是非要將你心中事挖出來，讓他分享痛苦。

別人的隱私不需要多問，心中痛苦之事也不必探究，就讓他自己發現，你只是做他的朋友，他自己願意說出來也很好；不過，你不要講給別人聽，他自己告訴別人又另當別論。

傾聽時，要誠懇、用心，並以關懷的眼光看著他，不需加以安慰，或告訴他應該如何做，更不需加油添醋，助長他的煩惱。除非對方問你怎麼辦，否則不必給他建議，若有建議也是三言兩語就好。他若不問，你就做一個很友善的聽眾，給他溫馨的感受即可；對他所說的種種意見，微笑接納就可以了。

也有很多的人只是心悶，想把心裡的話告訴人，當他找到傾吐的對象，說完內心話之後就沒事了。

有一次，有一位常住菩薩對我說：「師父，我希望和您談話。」結果我聽了一個小時，他告訴我很多事，最後我問他：「你要我怎麼辦？」他說：「師父，我自己會處理。」

真是奇怪！既然自己會處理，為什麼又要告訴我？別無它因，他只是要有一個人知道他在想什麼、感受什麼就夠了。如果我幫他處理，對他而言反而不好，很可能會幫倒忙，反將事情弄擰了；事實上，在那時的情況下，他也不希望我幫他處理。

有的人也許覺得你是一位好聽眾，時常找你傾吐心事，把他心中的垃圾倒給你。結果你本來沒事，而將別人的垃圾當成是自己的，痛苦不已。你若有這種傾向，最好要學習以冷靜的心態做一個旁觀者，不要將別人的問題變成你自己的問題；否則到最後左右不是人，痛苦的反而是你自己。

關心人，給人溫馨、關懷，要用這種方式。

另外，新來的住眾也要學習獨立，不要倚賴，老是想找人傾吐心裡的苦水話。可是如果真的很痛苦、很難過，就必須找一個既溫馨又值得信賴的人談一談，而此人又不會給太多的意見，並且會很仔細地聽你傾訴，這也不失為一個好辦法。

但是，做為一個出家人，有煩惱時，最好的方法是拜佛和念佛。若已用得上五停心、四念處或者中觀、空觀、話頭、默照等禪修法門，應當是能立竿見影的。

（一九九二年八月二十四日）

尊戒、盡分

上下要有次序，僧俗要有分別，長幼要有次第。

尊戒就是尊法，戒臘低者要尊敬戒臘高者，清眾要服從執事。

每個人都有擔任執事，為大眾服務的機會及義務，要盡力做好每一樣事；當清眾時，正好做內心工夫的扎根，多學習、多拜佛。

若不向內好好地扎根，一旦被任命當執事或被分配較重的工作時，就不能勝任，內心就會覺得委屈、忿忿不平，不能任勞任怨；若未被派任執事時，又會以為被

常住遺忘或受人排擠，也是忿忿不平，不能安於現實，
這都是和道心相違背的。

（一九八九年四月六日）

以和成事‧以敬安人

團體之中，人與人的相處偶爾有摩擦在所難免，即使過去的大陸叢林也有這種問題。釋迦牟尼佛時代的僧團，為什麼要制戒？又為什麼律中有「破和合僧」這一條戒律？就是因為僧團中曾發生分黨成派，彼此鬥爭不已，個人與個人之爭、長老與長老之爭、長老與大眾之爭。事實上古代僧團的這些爭執，屬於意氣者較少，大部分都是法義之爭。

馬祖弟子南泉普願禪師，門下東西二單為一隻貓而爭執不已。貓有什麼好爭？其實問題不在貓，貓只是導火線，在爭貓以前，雙方一定早已有了知見上的矛盾。

僧團中講「六和敬」，彼此要互相溝通、協調、忍讓。來出家的人多半有獨立自主、自我肯定的習性，住進僧團後，一一被分派到廚房，分擔煮飯、種菜、燒開水等常住作務，一方面熏習出家人的心態與威儀，另一方面也接受多方的磨鍊。

這原本是消除習氣的最佳方法，如果不能體察、領略這就是修行，便難免會產生鬱鬱不得志的心情；如果再看見綱領、執事們辦事不得要領，一、兩次後心裡更是不服氣，因而衍生種種煩惱；尤其是法會、活動的忙碌期間，彼此意見不合，如果又不善於溝通、協調，就更容易發生衝突了。

所以我們應該自我調整、自我適應，新住眾要適應環境，舊住眾也要考量新住眾個別的差異，彼此體諒，彼此成就，以和成事，以敬安人，這也叫作修行。

（一九八九年七月二十六日）

僧事僧斷

如果僧團中發生了一些問題，而藉用居士的外力來解決問題，那一定會對僧團造成很大的傷害。

如果援用外力，在家人會覺得僧團很可怕，會用金錢、權勢、手腕等方式來整頓僧團，而不會用佛法的倫理與程序來解決問題。倘若僧團被在家居士控制，僧團的尊嚴必將掃地，僧團也將離散。所以僧事不能請俗人來協調，這會損傷僧團形象，喪失俗人對僧團的信心。

師徒之間發生問題，如果藉用外力解決，更是大逆不道之事。這種心態可能是想挽救僧團，實際上卻是破壞僧團；名為愛護師父，其實是挖坑活埋師父。

僧團中的發言權，必須要有一定的資格限制，初出家的人對戒律以及僧團的規則、生活尚在適應階段，並不能了解實際的狀況，所以依律沙彌（尼）在開會時，沒有發言權，沒有投票權；甚至受大戒後五夏之內的比丘、比丘尼，如不知律，雖有投票權，但也沒有資格參與討論戒律的問題。十夏以上知律知法的比丘，才具資格參與投票，發表意見。

想要享有民主的生活，一定先要通過民主教育的培養；僧團的民主也是如此，要通過僧團教育的培養。所以在僧團中要尊重戒臘的倫理，僧團之事要以佛教的律法為準則，由僧團秉公依律依法處理，不可引用俗人來以世法處理僧事。

（一九八九年八月十日）

團體的成功就是個人的成功

一個團體真正的成功，不是少數個人的成功，應該是團體中每一個人都是成功的因素。團體成功的時候，每一個個人就在其中了。

因此，僧團大眾不管其戒臘高低、年紀長幼、能力強弱，僧團提供這樣的環境，人人都應竭盡所能，奉獻自己，成就大眾，利人利己，種福修慧，身心自在。

藝術家蔣勳先生說過：「對於世界的醜惡，不必把它看得那麼的悲觀，它只是一個過程而已。」如果在這個過程中，你很清楚地知道它是醜陋、是罪惡，那麼在這個過程之後，就會產生一個美好的結果；如果不知道那是醜惡的，甚至把醜惡當作是另一種美來看，而不設法改善，那就錯了。所以遇到好事我們要隨喜讚歎、鼓勵，並且虛心學習；如果碰到壞的情況發生，我們就可用逆向思考。

所謂「逆向思考」，並不等於說是逆來順受，或隨波逐流，而是清清楚楚地知道問題的癥結所在，勇於面對，歡喜接受，盡心盡力處理，然後放下一切的結果，不管過程圓滿與否，心無罣礙，隨意自在。

如果遇到困難或逆境，你不必憤世嫉俗，只要知道如何改善它、處理它，漸漸地就能產生很好的結果來。

釋迦牟尼佛的時代，有六群比丘及六群比丘尼，他們常常有破壞佛教及僧團形象的行為，所以僧團因此產了一些制度，戒律才慢慢地建立起來。因此，換一個角度來看，六群比丘、六群比丘尼都是示現逆行的菩薩。

但是我們千萬不要故意變成逆行菩薩，為團體製造困擾及問題。相反地，對於那些業障很重的人、煩惱很重的人，雖然為團體製造了一些困擾，仍要將他們視為示現逆行的菩薩。

（一九九八年一月十二日）

和光同塵的僧團

在僧團中不應有凸顯自我的心態。凡是凸顯自我的智慧、技能、性格、觀念，他的身上一定長刺，稜角多，鋒芒露，不易與人和合，為僧團製造許多的問題。

所謂「和光同塵」，和光，是指每一盞燈所投射出的光是溫和的；同塵，指微塵是彼此交錯在互動的。在光線中浮動的那些微細灰塵，好像已融於光線中，沒有什麼衝突或對立，這叫作「和光同塵」。

「和光同塵」裡沒有指揮者和被指揮者，也沒有制度和軌道，卻自然而然地互相交融在一起。有人來我讓一下，你走過我轉一下，位子缺人我來補一下，完全是一種理念、信心、道心的結合，這就是僧團和合的精神；和敬的僧團生活，是解脫道的著力處。

外相上的整潔，如環境、衣著，也是和的基礎，反之，若環境不整潔，服裝不整齊，就會顯得零亂、失序，缺乏和的感覺。

在釋迦牟尼佛的時代，出家眾穿的衣服一律是壞色衣，割截福田衣；工作穿作務衣；入眾、出眾穿入眾衣、出眾衣；然後到外面托鉢、説法穿教化衣。教化衣是九條至二十五條，入眾衣七條，作務衣五條或是縵衣。

另外，為了愛護我們自己的形象，除了在寮房的範圍，或在搬運東西、打掃廚房、廁所等作務時，可以穿的羅漢褂之外，無論是在大殿、知客處、辦公室，甚至到門口打電話、巷口散步、外出行動，一律穿著長衫，才不會威儀不整、妨礙觀瞻。

（一九九八年一月七日）

僧團的制度與規約

常住有共住規約，是在成就和保護我們每一個人的道心。

對供養物品的處理

假如有信眾第一次拿物品來供養，請諸位一定要先收下來，如果我們的倉庫已經有了同樣的物品，收下之後，再告訴他們，下次如果還想供養，常住裡有哪些物品是比較缺乏的，而某類物品已經太多了，特別是不耐久存的物品，吃、用不完會浪費；或者是請他們登記日後聯絡的資料，俟需要時再行通知。否則當下拒收供養，信眾們會傷心，甚至以為做了錯事，再也不敢到佛寺裡來，這會斷了信眾們學佛的善根。

如果供養的東西太多了，我們一時間用不完，也可以分配轉送鄰居們或其他有需要的處所，這也是敦親睦鄰、利眾的好事。

如果供養者是熟人，可以告訴他們，常住平時的需要以及法會時的需要，不論項目及數量方面都各有不同，請他們在供養時稍作分配；僧團各組相關人員則要經常保持充分的溝通、協調，盡量減少不必要的浪費。

有時候，信眾可能會因為感激某一位常住眾的關懷，而對那位常住眾個別供養。如有這類的事，任何一位常住眾當下都可以代表常住接受供養並致感謝之意，而且要說明，任何一位常住眾，對內對外所做的關懷服務，都代表常住全體，而非個人，所收到的物品，則要稟告相關執事，秉公處理。

（一九八九年八月二十一日）

接待禮節

當跟師父在一起，居士向師父頂禮之際，要站在一旁合掌。若是新入門的信徒，不知道要執弟子禮，可親自帶著他一起向師父頂禮。

如果來訪的貴賓不是以信徒的身分來見師父，則不必要求他向師父頂禮；若貴賓是師父的皈依弟子，則可親自帶著他一起向師父頂禮。

外縣市的信眾回到寺裡來，要親切地招待，最好有人專程接待，讓他們有賓至如歸的感覺；接待時要注意自己的身口意行為，不談是非、不談政治、不談金錢、不談道場的好壞，態度不卑不亢，既不要強出風頭，也不要自卑地覺得自己處處不行。

知客處是接引信眾入佛門的地方，是僧團的門面，一定要注意應對進退的禮儀，盡量使用熟悉的義工，並且給予適當的輔導，才能予人好的印象。

（一九九五年七月二十五日）

規約與恆課

任何的宗教都有共同修行的恆課和定課，很多學佛皈依，受過五戒、菩薩戒的在家居士，也都有早晚課誦。

你們大眾都尚是凡夫，難免會好逸惡勞，如果早上晨坐不起床，早晚課誦不參加，中午又不拜佛，到底為什麼要出家呢？

政府有六法全書，法律繁複，但是因為我們不犯法，所以不覺得有法律的存在與約束，過得很自由自在。

常住有共住規約，我們自己若有道心，規約本身不但不會對我們造成束縛與限制，相反地，是在成就和保護我們每一個人的道心。

心不能安定，不想隨眾，這都是心魔、心障現前，要趕快拜佛、懺悔；以感恩心、慚愧心、懺悔心拜佛，必可消障除煩惱，身心得安住。

（一九八九年七月二十九日）

禮儀和威儀

禮儀是指禮敬、禮節和禮貌；威儀是莊嚴的容貌舉止，指坐有坐相、站有站姿、臥有臥態，行住坐臥之中均合宜適度。所以禮儀，並不等於就是繁文縟節。

人之所以為人而不是一般動物，是以禮為標準，所以常言人之異於禽獸者，因為人有人的禮儀和禮節，也就有了人的尊嚴。儒家言：「禮儀三百，威儀三千。」禮儀、威儀，也就是彼此相待、相處的待人接物之道。

人類有禮儀，動物則無；有教養的人會有禮儀，無教養的人則沒有，這兩種人相處時，前者不會和後者計較，也不會因為和沒有教養的人在一起，就變成沒有教養，如同孔雀和麻雀在一塊兒，孔雀永遠不會變成麻雀，道理是相同的。

出家修行首重禮儀

我們出家人在修行時，應先從重視禮儀開始，如此，不僅在表面上可得到他人的尊敬，並要讓人從內心產生潛移默化的作用。所以，禮儀也並非僅止於上殿過堂等拜佛儀式而已，是有其深刻的意義。以拜佛這一項來說，為什麼稱之為「頂禮」，就是要我們以最尊貴、最高尚之頂部、面部來接觸他人最卑下之足部，以表達最高的「禮敬」。

禮儀不只要表現在對人的寒喧問候而已，而是要我們在與人相處之間，前後有次第、上下有分際，對師父或長輩應該尊敬、尊重、守禮，對執事的權責身分，要尊重、體諒；在家眾見到出家法師，亦應持有尊敬的態度；出家眾之中，對戒長者應尊重，對同戒者應禮讓，對戒淺者應加以愛護。

處處對人以禮相待，事事都能左右逢源。因此，禮儀必須敬上而謙下，於同儕之輩則要禮讓有加，若能如此盡禮致敬而守分自約，那與任何人接觸一定都能和睦相處。

佛教中之普賢十大願行，第一願的禮敬諸佛，就是告訴我們修行要先從「禮敬」這一項開始；而《法華經》中的常不輕菩薩，見任一眾生都會邊拜邊說：「我不敢輕於汝等，汝等皆當作佛。」更是「禮敬」的最佳典範。

我們在精進修行期間，由於禁語，口雖不言，但當遇見任何人時，仍需時時刻刻注意禮貌和禮節。例如在家居士們，見到比丘、比丘尼要禮敬、禮讓，沙彌、沙彌尼亦如是；比丘尼則應禮敬、禮讓比丘，這是佛的制度，而比丘亦須對比丘尼、沙彌、沙彌尼、居士們要謙虛、慈悲、尊重；否則，別人可能會心甘情願地禮佛，但是對我們僧眾卻無法心悅誠服地致敬禮拜了。

不論他人對我們如何，我們仍應站在禮儀立場，待之以禮。而實際上，尊敬、尊重他人，他人就會尊敬、尊重我們自己，這是相對的關係。

希望諸位於修行之中，不可疏忽了禮儀，否則要想獲得他人的尊敬，就比較困難了。出家人如果對人無禮，行止失儀，一定會遭譏嫌，自取其辱，不僅喪失化世導俗的能力，也會為佛教帶來批評及厄運！

行住坐臥四大威儀

其次講威儀，除了要求行住坐臥四大威儀都有一定的準則之外，說話的態度以及舉手投足之間，也都不可浮誇、輕佻、慌亂、急躁，否則不僅沒有規矩、修養，也都是煩惱相的表現。若能時時向內觀心，此人一定威儀整齊，而且表現出沉著、平實與穩定的風範。

我們身為出家人，將來都是佛法的弘化工作者，所以應該隨時注意自己的言行、舉止、禮儀和威儀，包括心儀、口儀、身儀，希望諸位能牢牢記住。否則，無意之間就可能表現出失禮的態度——對上無禮輕慢，對下無禮高傲，對平輩無禮驕縱，那就不能指望諸位將來都成為人天師範的龍象人才了。

（一九九〇年二月六日）

課誦與拜佛

修行最初的層次是禮拜、懺悔，以求得心靈的寄託和安定。佛殿、佛像的莊嚴與肅穆，能令我們肅然起敬，心自然不會胡思亂想，可以感受到神聖和信仰的力量。

諷誦梵唄，是用音聲來讚歎佛的功德，敘述佛的功德，這時耳朵聽著安詳、穩定的聲音，也可以使心更落實，氣往下沉，頭腦會有輕安的感覺。

禮拜、經行是動中修定，使身心在動中統一的修行方法。而打坐可以調整身體的循環系統、消化系統，使氣血暢通。心向內觀，是將我們的心置於一點、一物、一念，而使心集中，甚至進入定的層次，於定中產生智慧。

修行中若身心浮動，不能調適，就先從身體調起，用接觸音聲諷誦的修行方法開始。若還用不上力就用禮拜懺悔的方法，祈求佛菩薩的加被。

一般人是不可能一開始就能修到最高的禪慧層次。如果生活不規律，內外在的衝擊很大，還是先由禮拜、持誦開始。所以在日常生活中需要有梵唄、持誦相輔，這在印度、西藏、緬甸都有，只是唱誦的方式不一樣。

請大眾要認真學習，以後才能夠自利利人。

（一九八九年八月二日）

梵唄和修行

梵唄和修行生活是連在一起的，也是大眾共修用的。

祖師們對梵唄的解釋是，用來歌頌三寶及讚歎三寶的功德。但很多人可能沒想到，梵唄還有一種特殊的功能，除了讚歎諸佛的無量功德之外，同時也是修定及安心的方法；特別是年紀輕的人，血氣方剛，有用不完的氣力、體力，或者是積了悶氣，又不能大吼大叫，行動也不能放肆，就可以藉著梵唄，一方面可讚歎三寶的功德，一方面又可以調和身心。

梵唄雖然不是一般世俗的歌唱，但同樣具有歌詠的效果。自己唱或是聽別人唱，都是一種修行。自己唱是自己在修持，同時也成就他人的修持。如果有人不喜歡唱誦，或是不想當維那，這都是因為不了解梵唄功用的緣故。

放眼看看各國的道場，不論是在家人或出家人聚會，都有課誦及法會的儀式。例如日本的禪堂，向來是最簡單的，但還是有課誦，其主要目的是在調劑修行人的身心，同時也是禪修的方法之一。還有西藏、南傳的佛教，以及天主教、基督教和伊斯蘭教，都有他們各自的唱誦。

在佛殿上梵唄用的法器，稱為「龍天眼目」。課誦時，一方面是向龍天護法諸神說法，並引導他們生起歡喜心及恭敬心，來學法護法；同樣也幫助我們順利修行，讓那些多餘的氣力、體力及煩惱、悶氣，唱過以後就沒有了。從讚頌中，內心的衝突及不平會自然而然地化解，故有攝心安心的功能，這個作用是非常明顯的。

昔日我還是小和尚在學唱誦時，會在門上貼一張紙條寫著：「新學沙門練習課誦，請諸護法龍天免參。」因為練習當中，有時候唱腔會脫板，或是掉以輕心而唱錯，假如沒貼上紙條，龍天護法聽到了會因為我們的不如法而起瞋心。所以出家人做任何事都有它的道理，皆須懷著十分虔敬的心，用威儀的態度來練習梵唄。

目前常住眾練習唱誦，如果沒有在門口貼上紙條，至少於練唱前也應合掌默禱：「我們現在練習梵唄，若唱錯了，或沒有表現得非常恭敬之處，請龍天護法諸神免責。」如此，大眾便會練得非常認真。

請常住大眾要肯定梵唄的功能，尚未學會的人要勤加練習，課誦時更要虔誠而用心。是修行，也是結緣。

（一九八九年九月十三日）

供養的意義

平日用齋前，大眾唱〈供養偈〉究竟是以什麼來供養？是以碗盤中的食物供養嗎？若是如此，用蓋子將盤中的食物蓋住是否如法？又初一、十五在大殿佛前大供，諸位手中是否持有一份食物？

供養，是三寶弟子表達對三寶的恭敬和感恩的方式，主要是以佛法和清淨的身語意來供養，食物只不過是象徵而已。中國的佛教施食時要念〈變食真言〉、〈施甘露真言〉、〈開咽喉真言〉等咒語，然後才施食。可是南傳的佛教並未念真言，日本禪宗及淨土宗的寺院也沒有，他們照樣供養眾生，只是念一些佛法的偈子，說法供養。

又在一些法會上，如盂蘭盆法會，有時會放蒙山及焰口。但是日本的超度法會，禪宗念《金剛經》、《心經》；天台宗念《法華經》其中的一品，以此濟施餓鬼，既未開咽喉，也未施甘露及念其他的咒語，這些鬼到底有沒有吃下什麼東西？

事實上，中國現行的佛事是在元朝之後，中國人從密教中擷取了一些咒語，觀想一粒米大如須彌山，七粒米等於七座須彌山，可以讓鬼界眾生永遠吃不完。而有些鬼喉嚨很小，念〈開咽喉真言〉，就能吃得下所施的食物。

甘露並不是水，是一種不死之藥，吃了這種藥後，從此就可以得到了不生不死的法益。在蒙山施食中，甘露一滴能令眾鬼飽滿，念個咒語能使餓鬼的喉嚨打開進食，這些都是密教的觀念。

法供養爲眞供養

但是，真正的供養是以法供養為主，另以食物為表徵，大家不要誤認為僅是以碗盤中的食物供養。

當我們進食時，首先要想到並且感恩三寶，這不僅是以食物供養，而是以我們自己虔敬的身心來供養佛、法、僧三寶。施主們供養、布施飲食給我們，相對地，我們是以如法如律清淨的三業，供養三寶，布施眾生，這才是正信的佛法知見。若是一味地相信一些民間的傳說，卻不知佛法中許多儀式的象徵意義，這實在是大顛倒。

對法界眾生的布施，也是以供養物來做為象徵。布施時，實際上是在說法，願他們聽聞佛法之後，貪心、瞋心、愚癡心能減少，三毒心去掉才能得度。

大家千萬不要以為我們是用什麼神祕的力量來超薦法界眾生，以為好像是一股很大的力量，就如同原子彈、氫彈、核子彈那種力量。所謂「法力不思議」的意思，是用佛法來開導、化解以及消融貪、瞋、癡等煩惱心，這才能使得眾生解怨、釋結，超生離苦。

出家無條件的最上供養

你們來出家就是對三寶的最上供養。你的父母將你布施給三寶，你自己本身隨時隨地用清淨如法的身語意來供養三寶，你的煩惱必然會減少。若能經常如此觀想：「我已經將自己供養三寶了」，因為已經供養了，已經屬於三寶的，三寶要我做什麼就做什麼，沒有自己個人的事，那麼，你就時時都生活在無憂無慮的狀態中。

供養、布施是無條件的，供養、布施後便不再考慮自己的任何問題。只要不考慮自己的問題，便能樣樣自在，對任何事都會全力以赴；事情做得好沒有事，做不好也沒有事，因為已經盡了全力，全都供養了，只是因緣如此罷了。不過，能做得好卻不做也是不對的，這是不盡力，唯有盡心盡力才是真正的供養、布施。

（一九九二年七月七日）

開會的意義與素養

開會，在「律」中稱為羯磨，是指定期召開的各種會議，如同一般政府機關或企業，每週、每月等的工作會報，或為了某項特定工作的協調會以及工作後的檢討會。其目的在於使彼此的見解能夠溝通、整合，這也是一種團隊精神的表現，民主精神的運作。

羯磨，是梵語Karma的音譯，意譯為「業」，乃授戒、說戒、懺罪，以及各種僧事的處理。《慧苑音義》卷中：「羯磨，此云辦事，謂諸法事由茲成辦。」由此可見，羯磨法是佛教一種特有的議事法或會議法，主要目的是為增進僧團生活的六種和敬，即身和同住、口和無諍、意和同悅、戒和同修、見和同解、利和同均。

中國人有一種錯誤的觀念，認為出家人最沒出息，只管自己不管別人，在命相中甚至認為「犯孤」的人才出家。這是不正確的想法，因為僧既然是一個和合的團體，不合群的人怎能出家呢？

用開會來達成共識

所謂僧事僧管或僧事僧斷，除了不要在家人來處理僧中事，亦即僧俗要有界線之外；另外一層的意義是指，僧團的事必須依據戒律、正法做為判斷的標準，且以大眾討論的方式，表決待議事項之可行否。這是為了避免決策者考慮不周，或因為意氣用事、一意孤行而產生流弊；而且大眾事經過大眾的討論，就會有共識，也比較容易推動。因此開會是彼此溝通、取得共識的暢通管道和最佳方法。

佛教史上最早有開會紀錄，是世尊時代的僧團。佛陀在度眾生時就這麼說：皈依佛、皈依法、皈依比丘僧。皈依佛，是以佛為導師；皈依法，是以法為依據；皈依僧，不是指個人，而是以僧團為軌範，在僧中熏習，並以僧來成就三學的修持。佛陀也曾說，佛在僧中，佛不領眾，這表示僧是一個共同生活的修行群體，能互相照顧、支援，彼此督導、勉勵，表現出團隊的精神。因此，在僧團生活中，必須經常用開會來解決大家共同的問題。

符合民主議事精神

在中國，律宗有一部律典叫《百一羯磨》，收錄了一百零一種開會的儀範，換言之，在任何情況發生時，都有開會的需要及它的儀式。儀式很簡單，即首先在大眾集合時，行籌數點名所有共住的僧人是否到齊，然後公推一人宣布事項，再由大家決議是否可行。

例如有一個人要剃度沙彌（尼），則在場高呼：「某某人要剃度一沙彌（尼），大眾有意見嗎？是否同意？」讓在場的每一個人都聽得一清二楚，經三次宣告，如果大眾中無人提出異議，就表示默許，三讀通過，這就是白三羯磨，事實上這就如同當今民主社會的議事精神。

僧，一般是指有三個人以上的出家團體，開會時的成員最好不要是雙數，因為投票表決時必須是單數，否則無法完成，這是合乎議事規矩的，因為要避免造成對立或分裂的狀況。如遇雙數，則擔任主持儀式程序的一人不參加投票表決。

一般來說，比較單純的議案不採投票表決，而是經大眾充分討論、溝通、協調後，逕行決議，比較複雜的議案則採投票表決；投票表決是不得已，但是在實質上，這是一種平民、凡夫的制度，只是為了要僧團的和合，在不違背佛法及戒律的精神下，再加上理智的分析，以團體的共識來推動，總比以個人的聰明才智做決策要好得多。

會議中，有時候有些人想發表意見，卻往往因為比別人慢半拍，被人捷足先登；或是發言之後馬上被反駁。這兩種情形如果發生的次數多了，久而久之，大家即使心裡有意見，也不想再發言了。

因此，擔任主席的人應設法讓每一個人都能充分發表意見，而且必須尊重每一個發言人的權益。原則上，主席本身應保持中立，不表示意見，而是綜合所有的意見。若有必要，主席不妨請提案人說明所提議案，主席亦可就其所了解的部分補充說明，幫助大眾明瞭所討論的議案。投票時，主席不能投票，因為如果主席參與投票，便無法保持中立，無形中會造成意見的對立。

爲常住奉獻個人的智能

在會議中，每一個人都應盡量為常住奉獻個人的智慧與經驗，幫助僧團、也幫助自己成長。不過發言當簡明、扼要、中肯、具建設性。

每一個人都要有接受不同意見，以及意見被否決的雅量。雖然你的提案或建議很可能會被否決，但是沒有關係，因為你已表示了你的參與及對常住事務的關心。所以當主席的人必須要照顧全場的氣氛，使得會議進行順暢，與會者也當樂於提供意見。

另外，有些會議，與會的人員是師父邀請的外賓及專業顧問，主席不一定都認識。此時他們若未表示意見，必須主動詢問是否有寶貴的意見可提供參考。如果不讓他們表示意見，等於錯失了吸收寶貴意見的機會。

剛來出家的人，在未受大戒之前，得參與會議，亦得酌情於會議中提出具正面價值的建言，這是表示對常住事務的一種關心，但無表決權。

（一九九〇年十月九日）

私取僧物造生死業

僧有十方僧、現前僧，常住的動產、不動產，皆屬「十方僧物」，例如倉儲、財物、房子、家具、土地等。

日常大眾正在吃的、穿的、用的，所謂四事——衣、食、湯藥、臥具等，是為「現前僧物」。衣，指所有穿著的東西；食，包括食物、飲料；湯藥，包括治病、養病、療病的湯藥；臥具包括被子、床鋪等。

現前僧物是可以移動的，可以多也可以少。僧眾多，受的供養多，僧眾少，受的供養少；有人需要得多，也有人需要得少。如常生病的人藥吃得多，工作粗重常流汗的人衣服用得多。

不得私取、私用現前僧物，更不得糟蹋、浪費，否則就是損害了僧物。凡私取、私用、假公濟私、損害十方僧物及現前僧物，便是造「生死業」。

不私下接受供養

信徒的布施供養是給常住而不是個人，個人不能化小緣或私下請人布施。若有需要，可向常住申請，由相關的執事統籌募化或購買，不可以私自找信徒化小緣，也不可私下接受信徒的供養，這是犯了別請或別供戒。

例如，有一天你在甘露門當值，為信眾解惑，幫了一位居士的忙，使得他的人生方向峰迴路轉，因此他非常感謝你，一心想報答你。這時候你必須告訴他：「出家人是代表三寶為大眾服務，我們全部的身心都已奉獻給三寶，為你服務是三寶的恩德，不是個人。若一定要供養，就請供養三寶，供養常住的現前僧或十方僧。」如此，才不致於與信徒產生私情的關係，不以私欲接受信眾的供養，這才是修持解脫道。

又例如有住眾患嚴重的疾病，在醫院或常住靜養，不能吃常住大眾的飲食，需要特別的調養，於是你就幫忙去化緣。化緣雖不是為己用，卻已經離眾而受別請了。私自化緣，接受別請會形成你跟信徒之間的私情，這又變成了生死業。

由僧團統一整體運作

僧團的意義，在於幫助修行的人了生死業，不再被生死緣牽著走。信眾供僧，是供養十方常住僧，非單獨供養個人，不但可避免產生個人情感上的繫縛，也教信眾做了供養十方僧的功德。

如果為了某種特定因緣需要募化，不要私下運作，私下化緣，縱然是為了常住事，仍舊是生死業。應該是由僧團或常住指派執事人，代表常住公開募化，接受供養。此人不一定是知客或是典座，也有可能是其他的清眾。

戒律清淨不是裝模作樣，若生死業不了，生死緣不斷，持戒守律，僅是一個軀殼，實質上對修持解脫道無益。持戒，最主要是為了解脫生死，而解脫生死要從斷生死業著手；絕生死業，唯有靠常住大眾的相互協助與護持，這就是隨眾最主要的意義所在。

如果一個人在一間小廟，信徒只能接觸到一個人而不是一個僧團，容易產生信徒與個人間的私情關係，便容易造生死業。所以僧團對修行者來講非常重要，沒有僧團的庇護，我們的生死業是無法根絕的。

（一九九八年一月七日）

出家生活——入眾、隨眾、依眾、靠眾

僧團要上軌道，一定要具備兩個條件：一是觀念的建立，另一個是制度的建立。觀念的建立需要靠教育和多聞熏習；制度的建立則需要研究與實施。觀念與制度缺一不可，但觀念比制度更重要。

教主釋迦牟尼佛重視觀念甚於制度，所以釋尊成道後的最初六年間，只說法未制戒，嗣後的僧團制度也一向是自由的、彈性的、充分民主的。

所謂自律、自發的精神，是從觀念所產生。因此，一個僧團若僅有制度，而觀念模糊、不明確，便如同外道群居的團體，不是住持三寶的僧團。住持三寶的僧團，首重正法觀念的建立，有了明確的法義做觀念的指導，制度稍差，還是清淨的僧團；如果觀念模糊、制度又很脆弱，這個團體就是烏合之眾而無法存在了。

入眾、隨眾，少欲知足

出家生活，是以一種離欲的生活方式，營造三業清淨的生活環境，藉著入眾、隨眾、依眾、靠眾來達成此一目標。若能依眾靠眾，一般凡夫即能成為賢者。

眾，指的是僧，入眾，便是進入僧團；入眾以後要隨眾，隨著大眾一起過規律的生活；然後靠眾，靠著大眾的力量來規範每一個人的行為，互相勉勵、共同成長，以達成清淨、精進、少欲、知足的生活目的。若能如此，即已進入解脫之門的前方便，是從生死進入出生死的階段。這個階段叫作「預流」，亦即預入聖流的小乘初果。

入眾以後，每一個人的服裝、顏色、理髮時間、生活模式、起居作息均應相同。換句話說，大眾要我怎樣就怎樣，大眾怎麼樣我就怎麼樣，沒有個人「我要怎麼樣、我不要怎麼樣」，這叫作隨眾。因此除非有大病，宜盡量地隨眾，小病時，只要觀念、信心、道心能夠提起來，病就好了。

不隨眾，個人很容易懶散，雖然表面很精進，內心很可能是封閉的；心理不開朗，不斷地起煩惱，造作生死業的機會便大大地提高。

隨眾能使你生活規律、煩惱減輕、身心開朗健康，不會想到個人的問題，可以減少造作生死業的機會。

很多人知道出家的目的是為「了生死」，但是在出家以後的平常生活中，卻因果不明、公私不分，懈怠、不精進、多欲、不知足，這樣不管怎麼念佛、打坐、參禪也無法了生死，反而造了很多「生死業」。

出家就是要出離生死業，想出離生死，就先要學習過離欲的生活，而離欲不僅是剃了光頭、不結婚、斷葷腥，當從少欲知足和精進開始，隨眾則是免於懈怠、放逸等生死業的根本方法。

依眾、靠眾，相互勉勵

我們應以大眾的力量，互相規範、互相勸勉，這就是「依眾靠眾」。如果見到常住大眾之中有服裝不整、違規、言行不得當、嗜睡不起床，彼此之間要相互勸勉，但必須尊重對方。可以先合掌，再客氣地說：「某某法師慈悲！您忘了穿長衫。」或「某某師兄慈悲！您剛才不該這麼講。」

如果對方正在氣頭上，你就說：「某某師兄慈悲，阿彌陀佛一、阿彌陀佛二……。」還可加上注意呼吸的動作，不用幾句話，他的氣就會消了。如果此法無效，就保持靜默，待他恢復平靜再規勸。但要記得，千萬別火上加油，助長他的瞋火。

被勸勉的住眾也應該說：「阿彌陀佛！真慚愧！謝謝。」師兄弟之間，應該養成這樣互相勉勵的習慣，不是互相地指責。

我們要生慚愧心、懺悔心、感恩心，好好地反省、檢討自己每天究竟造了多少生死業。僧團提供了修行的環境，大家要善知珍惜、把握，不要退道心，勿造生死業。

（一九九八年一月七日）

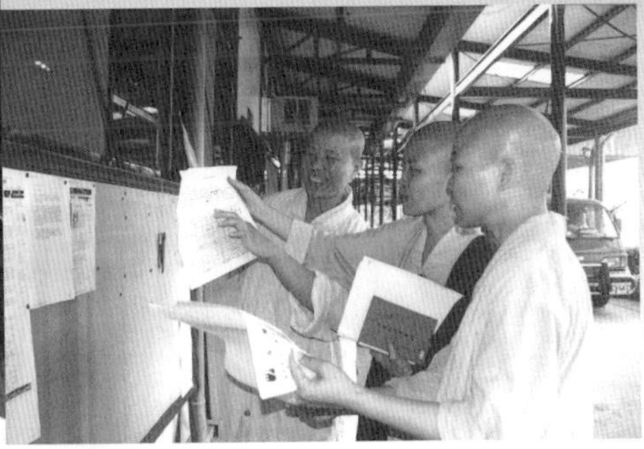

執事應有的觀念

現在所擔任的執事，是為了自己修持法身慧命而做。

神聖的僧中執事

僧中執事，並不是師父或方丈託付的，而是方丈代表常住付予的。

僧團中每個人都領有一份執事，方丈亦不例外。何以要有執事？因為在任何一個團體中要享有權益就必須盡義務，盡義務的工作就是一份職務。所以只要有僧團的存在，僧眾都必須擔當執事。

不管諸位領了哪一種執事，責任是輕是重，都是個人的因緣福報所致，因此大家要以感恩心、恭敬心、歡喜心來領受。而擔任僧團中管理層次以上的執事，不但可藉此機會來磨鍊自己，對三寶的奉獻更是一份大功德，是一件難得且光榮的事。

舉行請執儀式，是為了增加我們對所領執事的榮譽感和責任感，上下齊心協力，共同來完成師父或僧團所交辦的任務。

責任有輕重，職務無尊卑

僧執，是為服務常住、奉獻三寶而設的，各人所負之責任或有輕重，然所負之職務並無尊卑、大小、高低之分。為了方便運作，大略將僧執分為四個層次，分別擔當各項常住的事務，責任輕重則依不同的職掌而有所區別。

（一）指導層次：屬精神的領導、原則的掌握、方向的維繫，即寺院的方丈。

（二）領導層次：協助方丈做整體性的規畫與溝通、協調，秉持方丈的原則、方向、精神，推動常住的各項弘法利生事業。在此層次設都監一人，監院數人。都監對外代表方丈與僧團，對內溝通、協調各監院間的互動。監院則因職務的不同，可增設數人分別掌管，並協調、監督轄下各組的運作。

（三）管理層次：如維那、知客、書記、衣缽（財務）、典座（廚房）等，亦即各組的組長，通稱為執事，分別向所屬監院負責，協助監院照顧常住大眾事務。

（四）執行層次：所謂叢林四十八單執事，乃依性質不同而分，細分則不止這四十八單基本執事，各組組員皆屬之，也就是一般所謂的清眾。

爲十方常住三寶服務

所謂「千年的常住，雲水的僧。」常住是永遠的，出家人則如雲水般地流動來去，僧執是為十方常住三寶服務的。今天在常住裡受到常住的照顧，就有義務和責任來維護常住，也就是有義務和責任來照顧現前僧及十方僧的生活運作，以及常住三寶的弘法事業。

為什麼僧執是神聖的？因為在僧團中工作非僅為一人服務，乃是為整體的僧眾服務。整體的僧眾，包括現前僧及十方僧。雖然寺院有可能被摧毀，但常住三寶精神永在，對現前僧及十方僧的影響深遠廣大，所以不論職務的大小、職位的高低，你對常住三寶的奉獻是永遠的，無盡的。

因此，當發生問題時，你自以為是在受苦受難時，要將煩惱消歸自心；可是問題的解決還是要交由僧團來協同處理，經由數人集體討論後，智慧、方法自然會出現，問題即可迎刃而解。這也是僧團生活的精神——入眾、隨眾、靠眾、和眾的具體實踐。

（一九九四年四月七日）
（一九九三年二月二日）

執事者應具備的觀念

僧執要有整體感、責任感、穩定性、時間觀念、組織和分析的能力，最重要的是還要有道心（菩提心）；若無道心僅是一般公司行號的職員，而非僧中執事。

僧執必須具備以下五項觀念：

一、要有整體感

所謂整體，涵蓋了法鼓山體系下的每一單位，不管是僧團的，事業體的，本山總部的，各地分支的，這些看似各自獨立卻相連屬的許多單位，實際上都是依著師父的理念、悲願在經營，都是以僧團為其中心。因此每當我們做決策時，皆需將整體考慮在內。

無論你擔當哪一種執事，在自己的工作崗位上，首先要考慮到全體，然後配合全體的需求，發揮自己局部的功能；絕不可站在自己的立場，固守本位主義，專門要求其他的人、部門來配合。否則，自己不但疲於奔命，無法從中得到成長，也將阻礙整體的運作及發展。

本位主義，是指對內孤立自己，對外產生抗拒、排斥、指責、要求，難與人和樂共事。本位主義者要不是未能顧慮到自己與他人息息相關，各管各的工作，便是只認為自己做得最好、最辛苦、最忙碌，其他的人卻很輕鬆。

整體性的觀念相當重要，所謂「牽一髮而動全身」，我們一定要認同自己是僧團中的一分子，每個人都是全體的代表，這是一種責任，也是一種榮譽。如果執事沒有整體性的觀念，決策時就會忽略了其他相關聯的部分而不夠周延，要推動的目標也將會有所阻礙。

二、要有責任感

一個有責任感的人在接受所交辦的任務後，一定會盡心盡力完成該項工作，因為他首先會衡量自己的能力、時間、工作量，以及工作性質，然後量力而為。

反之，不負責任的人就會毫不考慮自己的狀況，便慨然應允，一旦工作交付與他之後，便不眠不休埋頭苦幹。等到不勝負荷就開始唉聲嘆氣，抱怨連連，最後懷著一肚子的氣說：「這件事我沒有能力完成，大家都不配合，我也沒有那麼多的時間，請另找他人去做吧！」

其實，若對工作不甚清楚也可先接下該項工作，然後再向上反應，待上層了解後會考慮派人支援，或將工作量重新分配。這可以透過層次性的分工，由組長負責分配、協調、監督工作，而組員負責執行工作，並從中學習各種運作的要領。

此外，有責任感的人會相互傳遞經驗，協助其他的執事了解各項職務的運作，使整體性得以延續，不致出現斷層。

三、要有時間觀念

工作的完成必須掌控時間，除專注當下的工作，以提昇工作效能外，亦可運用行事曆、工作計畫表、工作進度表等現代管理工具來掌握時效。

四、要有組織分析的能力

有組織分析的能力就可策畫，若無此能力，則雖忙但不容易做出成果來。因此領導、管理層次者應培養清眾的企畫能力，可以從簡單的職務開始學起。

五、要有菩提心

沒有菩提心的人，總覺得自己很委屈、不得志、很無奈、不如意、怨氣不斷，缺乏落實感。雖然能力很強，內心難免會嘀咕：「一天忙到晚，到底為誰辛苦為誰忙？」「做那麼多，師父、方丈非但不知道，師兄弟們不讚歎，上層只會要求，不會體諒，所為何來？」

「算了，反正出了家不做事也能有飯吃，何必那麼辛苦？」

有菩提心的人會明白現在所擔任的執事，不是為了某些個人做；是為了現前僧和十方僧做，為了自己修持法身慧命做，這是積功累德、修福修慧的機會，應當要盡心盡力。

所以缺少菩提心的人，執事做不久，因為心中容易生悶氣。有菩提心的人，凡是遇到不如意或委屈，就會趕快回到道心上思惟法義，並自我安慰、勉勵，縱然受盡天下人的誤會也不在意。

（一九九四年四月七日）

（一九九三年二月二日）

執事的共識──以和爲貴

共識的意思就是有默契，有了整體感、責任感、菩提心之後，和他人間的默契自然就會產生。雖然我們的性格、想法、出身背景、教育程度各有所不同，若能放下自我，成全整體大眾，默契自然就會出現。

一般人所謂的共識是兩人共事很久，彼此知道各自的想法、作法。就僧團的默契而言，比較容易培養，因為我們不是以個人的嗜好、性格、興趣為默契，而是以整個僧團的形象、理念及正確的佛法知見為默契。

柔能克剛，和能成事

常住眾有時也會為了詮釋師父的理念、整體的形象，而發生知見差異的爭執，當遇上這種情況，怎麼辦？

其實人有剛、柔之分，剛強的人雖然短時間略占上風，然而安人者必然是柔順者及和眾者，因為柔能克剛，和能成事。

柔並非一味地消滅自己的想法，而是要消融自己的性格、想法、情緒等，同時包容對方的差異。若雙方的性格都是剛烈的，便很難達成默契，且易造成兩敗俱傷。唯柔能和，所以僧團的共識應以和為貴，彼此相應，一團和氣。

僧是三個人以上的出家團體。有句話說：「一個和尚挑水喝，兩個和尚抬水喝，三個和尚沒水喝。」為什麼三個和尚沒水喝？主要原因是彼此不和。若想有水喝，就得彼此分工、合作無間。

僧中的任何一項職務都必須以和成事，以敬安人，若互有衝突而不彼此協調，就有違出家人的和敬原則了。

剛柔並濟，以退爲進

解決衝突的方法有二，首先當充分了解實際的狀況，若有必要，再做妥當的調整。其次可找雙方談話並予以協調，若當事人有所爭辯，協調者務必保持中立，放寬心量加以包容，切忌直接評斷、指責或給予建議。

若有對立，便生不和，因此需要以親切的關懷及彼此的尊重，來紓解雙方不平的情緒，如此才能維護僧團的和樂。

佛法是剛柔並濟，以退為進，以疏導代替直接的衝突。和合是自己存在的同時，也讓對方有伸展的空間。

有人形容僧團是龍蛇混雜、兔象共林的團體，因為出家人來自不同的環境，任何類型的人都有，也各有生長的背景與習氣。所以，不必對出家人的形象過度理想化，而要求大家都是如你心中所想的那樣，認為非要達到你的標準才是人天師範、法門龍象。雖然如此，一般出家人應有的心態、威儀仍應該要養成。

（一九九四年四月七日）
（一九九三年二月二日）

執事的原則和方法

執事本身是由龍天推選出來的，代替龍天護持常住，也就等於我們自己護持常住。執事護持常住，以常住的利益及形象為優先考量，更應以師父的理念為理念，以師父的形象為形象。

師父（方丈）是常住中最高的領導者，掌握僧團的精神、理念、形象及方針，構成整體常住之具體事實，所以應對外維護其形象、尊嚴與地位。

至於從原則至方法，如何掌握與推行？

（一）護持常住。凡事應以常住全體之利益、形象為著眼，不要以你個人的利益為前提。否則，一定會與常住大眾及其他執事發生衝突。

（二）維護執事的形象。執事彼此若不互相維護形象，僧眾們會互相仿效，而不服從所有執事的指導或勸解。對某一執事的想法及作法，即使無法認同，也萬萬不可對信徒或僧眾們數落他的過失。若遇見執事互相批評、指責，應好言規勸，當用正常的管道來反應和溝通。

（三）維護大眾的利益。時時要以歡喜的心、服務的心，來關懷常住大眾。身為組長的執事，更要以體諒的心、諮詢的方式，來輔導自己所帶領的清眾。

若遇到不屬於自己組內的清眾來傾吐心中的問題，可以先傾聽他的問題，如有必要，再找適當時機開導他。不要立即表示意見，以免引起不必要的誤解，或加深他與執事間的嫌隙，而造成常住的不和諧。

僧眾彼此間的來往、互動，當以禮敬相待。溝通不良時，要忍讓、適應、不計較你我多少。

亦可採取靜默態度暫不處理，不生氣，也不表示意見，靜待因緣成熟時再予以反應、協調。

（一九九四年四月七日）

（一九九三年二月二日）

僧眾平等、僧俗有別

「我不領眾，我在僧中」這是釋尊對弟子們說的話，佛自己認為他是僧中的一分子，要守僧眾的規則。以執事立場而言，也應該對清眾有這等胸襟。但是身為弟子、清眾者就不能如此向上要求，否則有違僧團倫理。

僧中執事本身都是平等的，換言之，任一組織架構本身都是平等的，雖然工作、角色不一樣，但工作本身是平等的。

居高位者，應體惜下情，尊重下屬，不宜趾高氣昂，或用高壓手段待人，亦不計較、分別。

居下位者，對上要恭敬、順從、不抗爭違逆。凡事皆應充分地請示、溝通、協調，並相互配合、支援。

眾生平等，職務也一樣平等，只是所領執事的不同，而有責任輕重之分。每一個人都是在某一職位上負責某項職務，為常住奉獻，為大眾服務。

對於常住中的行者、近住眾，以及常住與事業體中的職員、義工，由於經常的接觸，久而久之，我們難免會忘記出家人的身分，而與之過從甚密，反將常住的人事告訴他們。

所謂僧中事、僧中決，即使在家菩薩很熱忱，也不可與之談論，以免他們對常住誤解而失去敬心，或退失對佛教的信心。

雖然佛法是以出家眾為核心，但我們也不可輕視在家眾。他們是我們的護持者，佛法教化的對象，人間淨土的開墾者，我們因他們的親近三寶，而有服務、行菩薩道的對象。俗眾以僧眾為福田，僧眾以俗眾為恩人。

（一九九四年四月七日）

（一九九三年二月二日）

僧中執事即是修行

「刀不磨不利」，執事本身的工作就是一種歷練，在奉獻之中成長自己，在做中學習安定身心，也在做中植福報、開智慧，所以是在修福、修慧、修定。

對他人心性的了解是修慧；幫助他人是修福；煩惱生起，提起菩提心，以佛法的實踐將煩惱消歸自心是修定；諸惡莫作，眾善奉行，是持戒。

要常常如此想，如此做，如此省悟，常常起慚愧心、懺悔心、感恩心，便是藉境修行。

新進住眾見我們每天都有忙不完的事，好像沒有修行。其實，一進入僧團，只要用心體會，無一時非修行時，無一處非修行處，無一事不是佛事。只要我們的心安住在菩提道上，任何事皆是為了十方常住及一切眾生而做。

在家人為了生活而工作，出家人是為了行道而工作，以佛法助人、助己。一般人每天忙著開門七件事，經常不離貪瞋癡三毒，所以不是修行；出家人的執事，雖也要忙開門七件事，但是與戒定慧的三無漏學相應，所以就是修行。

（一九九四年四月七日）

（一九九三年二月二日）

侍者

阿難是釋迦牟尼佛的侍者，平日照顧佛的生活起居，例如衣物、法器、飲食等等，因善於察言觀色，所以樣樣得心應手，不需佛另外交代指示。

不成熟的侍者做事不用心，粗枝大葉，或者雖用心但因一時還不習慣，靈活度稍嫌不夠。我的侍者一向有這類的問題，因為他們都不是天生的侍者，又是我的徒弟，我必須要教導他們，這是我的責任。

稱職的侍者要形影不離地跟著所親近的善知識，時日一久，才能得心應手。當侍者要靈巧，善知識需要什麼，要適時地提供，並且處處要能為善知識設想周到，善知識的生活及健康狀況，樣樣都需要妥善地照料。

我是個沒有福報的人，雖然有許多的侍者，但都不能面面俱到，以致於我無法交代其中某一人做一樣完整的事，這種侍者制度是有待改進的。

用心學習，任務重大

在經過一段時日的熏習後，用心的人就可學到東西，當然也要看各人的福德和智慧；若學到了師父的威儀、慈悲、智慧，便是好侍者。如果侍者過度自我膨脹，為人驕橫，好端架子，手操生殺大權，欺下矇上，師父就會因此而受到批評。所以好的侍者，可以一直做下去，所謂千年書記萬年衣缽（侍者）；若時常換人，因為侍者們大都沒學到師父的威儀、慈悲、智慧，反而學到了在家人的勢利。

出家的心態穩定，出家的觀念正確，對師父所有的事務都瞭若指掌，這才是好侍者。真正的好侍者是能擔任師父的機要祕書，他的任務非常重大。以前第二代的接法人、繼承人，通常是大善知識的侍者，如佛的侍者阿難，智者大師的侍者章安灌頂，圜悟克勤的侍者大慧宗杲。

目前僧團中尚無此人，只好帶一、兩個人在身邊，耳濡目染，這是一種訓練，也是一種教育，用以培養弟子們待人處事的能力，對內對外都能有恰到好處的威儀，將來才能擔當法門棟樑。

此外，侍者不可跟在家居士搶位置，爭面子，或擺出法師的架子，處處要求他人的恭敬。侍者對任何僧俗人等，都要謙虛、隨和、慈悲、真誠、勤勉，方能協助善知識感化眾人。否則，侍者得罪了人，便是斷人善根，並會為善知識招惹麻煩了。

（一九九二年七月十四日）

如何統理大眾

早晚課誦都會念三皈依偈，其一是「自皈依僧，當願眾生，統理大眾，一切無礙。」如何才能統理大眾一切無礙呢？這就要靠不斷的學習和經驗的累積。

在僧團中，每一個人都領有一份工作，也就是執事，不論我們擔當何種職務，都要顧及整體，因為每一份工作都和整體僧團息息相關，而且要對事不對人；若不喜歡這個人，嫌那個人，如此將寸步難行。

尊重、包容彼此的差異

我們主要是處理事情，但事情需要人來做，所以一定要能夠尊重、包容、體諒人的差異性；不要用自己的性格來要求其他的人和自己完全一模一樣，否則將難以和人相處。要知道，一個團體之所以能夠成長、碩壯，是因為各種不同智慧的匯集與貢獻，絕非一人獨立所成。

為什麼不能包容他人？因為不能往大處著想，只固守本位主義，各自站在自己的立場：我想怎樣，我認為怎樣……。在與人互動時，如果僅以自己的尺寸要求他人配合，必然是件痛苦的事。

而彼此間如果有了誤會，也要主動澄清、説明。所謂主動，不是爭論、辯解、對抗，而是讓彼此能夠充分地溝通，並取得諒解，彼此退讓，如此問題就不存在了。

相反地，如果一意執取個人的想法、作法，認為自己沒有錯，都是別人的錯，這樣堅持己見，不但自己痛苦，同時也使得他人煩惱不已。

我時常都在學習尊重每一個人的想法及作法，如果我不尊重每一個人，我們的僧團將不存在；我如果不尊重大家，我就沒有辦法得到大家的認同與支持。雖然大家彼此間也會有意見的不同，而互相衝突、摩擦，但我不會袒護任何一方，因此我能得到大家的敬重。我這麼尊重大家，也希望大家能彼此互相尊重。

每當我發現有人為了意見的不同而爭得面紅耳赤時，我就勸他們不妨暫時放下自己的想法，然後再想一想，應該如何相互適應，並調整各自的觀念與作法。如果能夠彼此互讓一步，路就通了；如果有一方不願調整，路還可勉強通行，如果雙方都不肯讓，就真的寸步難行了。

不堅持己見

因此，要養成不堅持己見的美德，假如遇到關卡，寧可先退一步，讓人先行，我們一定要有這樣的觀念。

肯定自己的優點是自信，了解自己的缺點是成長，善解他人是尊重。常言道：「敬人者，人恆敬之，愛人者，人恆愛之。」成就別人，就是成就自己，尊重他人，就是尊重自己。如此慢慢地對內、對外、對人、對己做通盤的了解後，就能知進退，並且獲得友誼，受人愛戴。

（一九九三年二月十一日）

整體的僧團

負責寺院管理的監院、負責廚房作務的典座師、接待訪客的知客師、運作法會的維那師等執事，都能夠對外代表僧團；都監則不僅是代表僧團，同時也是代表師父對外的關係；而師父（方丈、和尚）則是代表僧團全部的人和事，是整個僧團精神及形象的代表。因此任何人接觸到我們僧團的個別人、事時，都會有一種整體感。

如果個人和團體不能釐清界線，秩序就會混亂。個人和團體有不同的角度和立場，從外人看你個人，你是屬於全體的；從你個人向內看，你和僧團中的每一位師兄弟接觸時，你是個別的、單一的。

僧團中的每一位常住眾，雖然在個人的身分上不能代表常住整體，可是一旦做了好事或壞事時，或是有任何一位常住眾在與信徒接觸時，言行失態或傲慢、不禮貌等，別人是不會認為是你個人的問題，不會僅僅批評或讚歎你個人，而會說你是法鼓山農禪寺的出家眾或是聖嚴法師的弟子，乃至佛教的出家人，所以每個人的言行舉止都關係著整體常住。

為了法鼓山僧團的整體形象，乃至全體佛教的形象，我們任何一個人都不能任意行事、發言或懈怠、放逸。

值日是動中修行的機會

在知客處值日時，面對訪客應和顏悅色地接引。值日的任務是收發和傳達，重大事務不能夠代表知客師一職而自己決定；倘若一時間找不到知客師或相關執事，應婉轉告知訪客無法立即處理的原因，俟後盡快地再由相關執事與之聯繫。

曾有居士向我反映，值日的常住眾待人不是太冷淡，便是過於熱心，有時與人長談反而疏忽了值日的任務。因此值日的人言行舉止要適中，而且要言不繁，態度應謙和有禮。

值日時可以念佛、數息，但不可以看報紙、寫筆記或是聽錄音帶。大家應該恪守規定，也應珍惜值日的時間，這是一個難得的動中修行機會。

另外，有些常住眾因為心直口快，說話太銳利、刻薄、俗氣，容易引起某些信眾們的畏懼、反感，以致於不敢再來我們的道場參與任何共修活動。這些缺點，希望我們的常住眾能夠虛心反省、檢討，並力求改進。

慈悲接引，自利利他

在家人會來寺院走動，即表示他對佛教有向心，我們都應該好好地接引他們進入三寶門內，共同來修學佛法。

法鼓山僧團所經營的道場絕對是利他的，而不僅是自利的。若有信眾發心供養，必須給他們種福田的機會；但不論是來供養，或來請益佛法，只要有因緣跟我們接觸，都是具足善根，我們都要慈悲以待，讓他們有賓至如歸的感覺，而我們值日的人就是扮演著這一座橋樑的接駁角色。

（一九八九年二月二十日）

新的執事，新的挑戰

每年請執時，有的人領新執，有的人舊執重任。但不論新執也好，舊執重任也好，從請執那一天開始，每一個人都是重新領受了一份執事。

每一個人首先必須對這份新的執事感到很有興趣，因為這是另一個新階段的開始。同時，這也是一項新的挑戰；也就是說，要有心理準備，或許會面臨新的狀況，必須學著去適應。如果人、事、環境都在改變，就不能一成不變再用過去的想法、作法來擔任這份執事，過去不論做得好或不好，那已經是過去的事了，現在既然是另一個新的開始，就必須要有所創新。

面對新的未來，必須想辦法開創，蕭規曹隨是經驗傳遞，墨守成規、故步自封，便無法進步。我們常說：「學如逆水行舟，不進則退。」這是說，如果沒有進步，或進步得很慢，就是退步，是會被淘汰的，所以必須要邊做邊學，並且有所創新。

但是俗話也說：「新官上任三把火。」多半的人都有許多夢想和抱負，甫一上任就想大展抱負：「我要怎麼做，我要怎麼做……。」結果遇到挫折，馬上就無疾而終。事實上，理想與現實是有差距的，不是任你憑空想要怎麼就能怎麼的。

很多有才能的人，不當官時講得頭頭是道，一當了官，獨到的見解和才能卻發揮不出來。因為舊環境的包祇太重，新環境的牽制太多，如果不能盱衡大局情勢，通權達變，掌握有利的機會，未能整合每個部門的人與事，就不免障礙重重了。

必須要善用自己的才智，激發自己的才智，來適應所面對的各種瞬息萬變的狀況，並以整體為考量，才能真正在新的執事上，為常住、為自己都得到新的成長。

（一九九九年九月一日法鼓山僧團執事職前訓練）

執事是激發潛在才智的機會

任何一項執事，都是一個非常好的成長機會，它可以激發你潛在的才智，使你得到成長，所以要知恩，感恩。

才智，也可以說是才能，分為兩種，一種是先天的，另一種是後天培養的，有的人可以全才均衡發展，有的人則偏向某一方面。不過，我們往往不知道自己有這樣的資質。

領導人的才智，英文為intelligence，不是knowledge（知識），也不是technique（技術）。因為領導人必須掌握全局，其才智就得深遠廣大，因此領導人的培養就要逐步經驗學習，完成全方位才能的開發，每一個部分、每一個部門、每一個層次他都要去接觸、歷練、了解，以充實其才智，不能囿於一隅。

這有點像小孩子偏食，大人要從旁協助他矯正偏食的習慣。偏食的小孩，有兩種可能，一種是先天體質的關係，某些東西他不能吃，吃了以後，他的身體可能會不適應。但多半的人是從小養成的習慣，不喜歡吃這個、不喜歡吃那個，這也要配合從心理上去矯正。

因此，才智有偏向發展的人，如果讓他到各部門、各層次去經歷，他就會普遍地開發，變成一個非常適合擔任領導者的人。

由此可見，才智是可以被訓練、激發的。因此，被付予新的職務，就必須要好好地接受它，然後運用它，激發潛在的才智，使之能夠充分地發揮。

雖然有的人天生就是受到限制，但多半人不是，而是情性使然，不願意改變自己的習性，也不願激發自己的潛能；如同偏食的小孩，這不試，那不做，最後就只能在某個角落裡，守著某一個部分，其它的地方都不能去，其它的職務都不能擔當。

可是只要願意嘗試，人的才智其實是無限的。

（一九九九年九月一日法鼓山僧團執事職前訓練）

執事是常住三寶所付予的

執事沒有大小、高低、輕重之分，只是所處的位置不同，至於它的重要性則完全相同。在過去的叢林有所謂的「四十八單」，也就是四十八種執事，事實上不只四十八種。有人會問：「執事是誰付予的？」我們在替誰負責？

基本上，執事是僧團付予的，是在僧團中擔負起一項工作，僧團有多少人，就是替多少人服務；而我們僧團則是跟整體法鼓山息息相關，只要僧團某一部分出了狀況，一枝動百枝搖，全部都會受到影響。

更進一步說，過去在寺院叢林擔當執事，是指為「常住」擔當執事。常住就是三寶，只要有僧存在，有法存在，有佛存在，就有常住；因此佛法僧三寶住世，就叫作常住。

佛法僧三寶，主要是指住持三寶，也就是形象上的三寶，所以有經像、法物、僧眾具備的處所，就叫作常住，又叫十方常住三寶。像，象徵著佛的存在，佛的住世；法有義理的法和修行的法——修行時有法物，義理就是經典；僧有現前僧和十方僧。

僧，是指僧團，是由許多的僧人在一起生活組合而成，屬三寶中的僧寶。一個人不是僧寶，只能叫作僧中的人，很多的出家人都誤解了它的意義，自認為是僧寶，自稱個人為比丘僧，或比丘尼僧，那是錯誤的。

釋迦牟尼佛剛剛成佛的時候，尚未有出家弟子，只有佛一個人，所以佛一開始就叫人家皈依佛，皈依法，皈依未來比丘僧，這在《增一阿含經》裡有記載。

如果有一天你所處的環境只剩下你一個出家人，那時候的你就需要加倍努力，設法使僧眾增加，然後建立僧團。有了僧眾，就一定會把佛法永遠地延續下去。

盡形壽做供養人

我們每一個人都是僧中之人，是為僧眾服務，為常住服務。常住是三寶，所以為常住服務，就是為三寶服務，也就是在供養佛、供養法、供養僧，盡形壽做供養人，那是大修行。

因此，所得到的執事，就是十方三世常住三寶所付予的，是一樁神聖的、光榮的、非常莊嚴的佛事，不要把它當成是一種壓力。這個觀念如果不建立起來，做不了多久，你就會感到厭倦，想要辭職，不會有心繼續把它完成；也很可能受了點委屈，或稍微辛苦一些，就會起退心、生埋怨。

甚至會覺得這一切都是為師父、為法鼓山做的，在農禪寺貢獻這麼多，沒有人看到、讚歎，也沒有人認為你有功德，只有挫折、批評、指責。而且出家人又沒有工資可領，逢年過節不會加薪、也沒有陞等，為什麼要那麼辛苦、那麼忙呢？

可是如果能體認到，所做一切的工作，都是為了常住，就會覺得非常值得。

還有，擔任執事以後，個人的時間相對地會比清眾少，那是因為擔任的工作比較多的緣故。減少個人使用的時間，而為常住奉獻、供養，在這過程中，學習知能及增長道心，就是修福修慧。

（一九九九年九月一日法鼓山僧團執事職前訓練）

執事要有整體觀

既然是常住的執事，就必須考慮到全體或大多數的人，不能僅為少數或個人著想。這個觀念相當不容易建立。

所謂整體觀，多數的人只能夠做到本位主義，少數人雖然觀念清楚，行為卻不能配合，也就是觀念的、語言的、行為的三種行為不一致，互相矛盾，這叫作三業不相應。這種人還是可以擔任執事，但他必須學習身口意一致，不能老是想著「我是為大眾設想的」，因為個人的想法不見得完全正確，都有可能摻雜了主觀的想法。

所以，擔任執事不可以主觀地為大眾設計一個構想，然後要大眾遵行實施，這絕對是錯誤的。個人的那一套構想，不一定是大眾所能夠實施，或需要實施的，若強力推行，很可能會遇到很多的阻力，彼此都很痛苦。

為了全體大眾，你可以有創見，也可以有種種的改革措施，但不能忽略每一個人的才能和每一個部門的權責。不能自己枯坐一處閉門造車，光想著分派這個人做什麼，那個人做什麼，這一組做什麼，那一組做什麼。一定要了解每個人的性格、才能，以及整體的環境需求，然後再將之整合，開創出一個新的局面來，這才叫作整體。

有差異是正常的，不過可以在差異中尋求共通之處。而異中求同的唯一方法，就是要讓大家充分發表他們的想法，然後再加以整合，這樣大家就可以發揮自己的才智。

當每一個人的才智被激發出來以後，他自己會覺得很有成就感、參與感，而且會認同這意見是大家共同通過的，這就是異中求同。

因此，共同的願景一定和個人的願景有關，個人的願景不一定就是共同的願景。出家人的團體叫作和合僧，和合就是見和同解、身和同住、意和同悅、戒和同修、利和同均、口和無諍，也就是異中求同。

我們為常住服務，或許感覺上這個常住很小，只是我們的僧團；但是擴大一點看，其實是為了我們整體法鼓山組織；再擴大看，是為了中國的佛教，為了現代的世界佛教，甚至是為了永遠的、未來的佛教。

因此大家要有這樣的認知：只要常住需要，把我擺在那一個點上，我就扮演好我那一點上的角色，不是為自己，而是激發自己的才智，適應環境，為大眾服務，並開創新的局面，這才是為整體想。

（一九九九年九月一日法鼓山僧團執事職前訓練）

在接受批評、指責、檢討中成長

不論擔任什麼執事，都是在接受批評、指責、檢討之中成長。這些指責、批評、檢討不一定正確，但一定要以感謝的心、感恩的心來接受。

我的師父曾經跟我講過：「當家三年狗都嫌。」為什麼？因為當家的人負責管理，是為了維護整體而設想的。但總難免有少數的人希望自由，不喜歡約束，雖在觀念上認為團體的規制是必要的，卻不喜歡把自己擺進體制。一旦體制約束到他的時候，他就會不自覺地生起抗拒的行為，為了保護他自己，他會有許多抗爭和不正確的批評。

從對方的角度看，不能夠讓他快樂，自己應該覺得很抱歉，必須要有所調整和改善。所以指責、批評、檢討並不一定就是負面的，而是一種成長的激素，不要怕，不要恨，也不要痛苦。有人願意指責我們、批評我們，那是他的善意，因為他不忍看到我們出差錯的緣故。

即使是感覺到對方討厭你，不喜歡你，也不要忿忿不平，相反地，要虛心檢討自己的言行，有沒有未曾覺察到的傲慢、無禮、自負，或對人不尊重、堅持己見、剛愎自用、說話不得體之處，然後設法調整自己，如此才能有所成長，讓人歡喜親近、往來。所以，請大家不要受到一些指責、批評、檢討，馬上就覺得很痛苦。

如果遇到一些不希望接觸到的人或事，而又非處理不可，在這種狀況下，不要有情緒上的起伏，應該馬上念觀世音菩薩，隨時調整自己的心情，也要學習著「面對、接受、處理、放下」，這便是一種成長。

如果是在一份新的職務上，跟你配合的人一開始不是那麼有默契，要有多一點慈悲心，多一點耐心。這就好像穿新鞋一樣，有的鞋子很容易穿，有的鞋子起初不是那麼容易順腳，可是還是要有耐心穿它，久而久之，它也會變成柔軟的。

另外，有人問：「可以罵師父嗎？」師父是僧團的精神領導、領袖，掌握原則和方向，這是根據釋迦牟尼佛的原則，其地位是崇高的、神聖的、不容置疑的，如果罵師父，等於釋迦牟尼佛的精神就不存在了。

但是，如果師父的政策錯誤，大眾可以善意地提出檢討、修正，這樣我們的團體才能夠成長，才能永續。若是因為師父某些專業知能不足，而做了錯誤的決定，就對他批判惡罵，這就大錯特錯了！

（一九九九年九月一日法鼓山僧團執事職前訓練）

佛法開示

真正的佛法是慈悲和智慧的德化。

回歸佛陀本懷

我們的團體是以宣揚釋迦牟尼佛的遺教為立足點，是正統的佛教。如果偏離釋尊的本懷，佛法會被扭曲，佛教將會衰亡。

福慧雙修，悲智雙運

佛陀的本懷是智慧和慈悲，以智慧除煩惱，以慈悲度眾生，也就是以智慧利己，以慈悲利他，此乃福慧雙修、悲智雙運的根本原則。若偏離此根本原則而專談神通，一心投機取巧，標新立異，走捷徑，誇證悟，都不是佛的正法，頂多只是佛的方便法罷了，甚至就不是佛法。

雖然也常常有人說我有神通，在某處有我的化身，我都會說：「我沒有神通，也沒有化身的本領。」如果對方硬是如此講，我只好說：「那是護法神可憐我是普通人，又因為你有善根，所以化身成我的模樣來幫你的忙。我只是一個普通的和尚，一個凡夫而已。」

神通、預言，我們的道場不談論這些，而是以正確的觀念和方法來指導信眾修行。不論是念佛會、禪坐會、助念團等會團，我們都是朝此方向來做，絕不用古怪的方式來誘惑社會大眾。諸位常住眾一定要遵行此原則，佛法絕對不可偏離正法的中心思想，否則正法就會淪滅。

平實、慈忍，是我們的信條。平實是平常、踏實；慈忍是慈悲、忍辱。不可和其他道場比較，也不可說我們是唯一的、最好的、空前的、絕後的等誇張語，要以實事求是的態度告訴人，法鼓山正在做什麼？未來將做什麼？盡可能以具體的事實來傳達信息，將親身的感受、體驗，用誠懇的語言來陳述、表達。

自利利人的大乘佛法

有一年我在美國的路易斯安那州演講，有位太太非常感激地來見我，在此之前她不曾聽過我的演講，只看過我寫的一本小冊子《念佛與助念》。當時她的父親因車禍去世，雙眼圓睜，頭腫大如斗，臉色因恐懼而現難看樣，正在她不知道該怎麼辦才好的時候，她的一位朋友告訴她可以念佛助念，可是並沒有告訴她怎麼念；無助之中，另一位朋友送了她一本《念佛與助念》，她就根據小冊子上所教的方法試著助念。兩個小時後，她父親的雙眼就閉起來了，頭腫脹的現象也消退了，而且臉色紅潤面帶微笑，身體不再那麼地僵硬，她們全家人也因此而皈信了三寶。

我根本不知道這本小冊子還能如此度人。這故事是不是神話？是不是我的力量所致？當然不是，這是阿彌陀佛不可思議的願力，我只是在小冊子裡介紹阿彌陀佛的念佛法門，和為臨終者助念的方法與意義，如此而已。

我們法鼓山學的是大乘佛法，不論是學淨土或學禪，大乘佛法都是自利利人的法門，是以利人的方式來完成利己的目標，這是大乘菩薩的精神，希望大家要有此共識，我們的僧團方能可大可久。

（一九九二年一月二十二日）

菩薩行者的修學

所謂菩薩行著，是指從凡夫至聖人，凡修行菩薩道者皆屬之。做為一位初發心的菩薩，首先必須學習如何看自己以及如何看人，並且要謹記於心，時時省察。

謙下尊上，去除慢心

視自己為凡夫，是知慚愧的凡夫菩薩；以賢者菩薩視人，可避免驕傲、自大的心態，並減少對自我的執著、煩惱，以及與人往來的磨擦、衝突。

倘若時時凸顯自己，把自己當作已成就的菩薩、佛，自以為是，我慢心就會漸漸地增長，這是一般人常有的現象。尤其當修行一段時日後，自信心、我慢心與日俱增，嚴重的話還會把自己視為大菩薩，視他人為凡夫眾生，覺得所有的眾生都在等待自己去救度，就好像自己是一切眾生的父母。這是宗教經驗上「神格我」的膨脹，一定要避免。

不論修行、讀書或者成就某樣事，都可能發生類似的情況。譬如突然間發了大財或地位高升，往往會忘記自己是凡夫，覺得自己一下子變得好偉大、好能幹、好有力量，驕慢心於是出現，所以「謙下尊上」是菩薩行者必須學習的首要功課。

若能將自己看作凡夫，視他人為聖位菩薩、大善知識，如此便能隨時隨地謙下尊上，不與人爭意見、鬥意氣。凡事抱持難忍能忍、難行能行、難捨能捨的胸襟，開路與人行走，種樹與人乘涼，這是菩薩行者應當學習的態度。

難忍能忍，難捨能捨

一個人的成功絕非偶然，菩薩行者也要有難行能行，難忍能忍，難捨能捨的精神。菩薩是專為眾生服務的，就像千手千眼、大慈大悲、救苦救難的觀世音菩薩，忍受一切的艱難困苦，只為眾生能離苦，不為自己求安樂。

菩薩行者一定要修學忍辱波羅蜜，斷不可動不動論民主，講「反彈」，否則便失去了道心。「反彈」是臺灣目前流行的名詞，在佛法中沒有任何不能忍的事，

《金剛經》中記載歌利王節節支解忍辱仙人的故事，就是開示忍辱波羅蜜的法門。

我們出家人將父母、兒女、事業，以及種種人際關係都捨了，還有什麼不能捨的？其實，真正要捨掉的是「我見、權利、意氣」，這些習氣若不捨，就會爭權奪利、爭意見或爭一口氣。忍氣吞聲是可憐蟲，但不爭意見則是不須忍氣，也無氣可生。

我見若不捨，便會常常為了一點芝麻事，彼此爭得臉紅脖子粗，非得爭一個是非曲直、水落石出，這是世俗人，不是菩薩行者。能忍我見，必然做得到難捨能捨，難忍能忍，難行能行；縱然是非常艱苦、危險的工作，也會捨己為人，不計較個人的是非得失。

慚愧懺悔，自我消融

做為一位菩薩行者同時要時時懺悔。受到打擊或遇不如意事，應先自我懺悔，不怨恨他人。有時自己不一定理虧，但仍需懺悔，因為起慚愧心、生懺悔心就可以化解心中的不平衡和煩惱。

「往昔所造諸惡業，皆由無始貪瞋癡，從身語意之所生，今對佛前求懺悔。」過去世造的惡業而今生受到果報，雖然現在看似不公平，但事情既已發生了，便要坦然地面對它，接受它，處理它，然後放下它。

常懷慚愧心、懺悔心，無量劫以來的業果因緣，就可能會重罪輕報，乃至消滅。

要知道，天底下沒有可以綁住我們的人、事、物，唯有我們自己綑住自己，所以不要作繭自縛、自尋煩惱，要放開心胸做一位菩薩行者，修菩薩行，行菩薩道。否則人人盡是牛鬼蛇神，甚至是毒蛇猛獸，所處的環境不是風聲鶴唳，便是草木皆兵。

修學的四個重點

最後，再以下列數語做為修學菩薩行的共勉。

一、**親切關懷為慈悲**。不以粗魯語待人，時時以尊敬語、慰勉語待人。

二、**不起瞋惱為智慧**。瞋恨、憤惱、嫉妒，傷人亦傷己，自惱又惱人。心平氣和地解決問題才是根本，火上加油必定徒勞無功；應以冷靜的智慧來處理事情，若自己的智慧不足，就暫時放下，但內心不起瞋惱，靜待因緣。該瞋時不瞋，該惱時不惱。

三、柔順直質為道心。眾生剛強，難調難伏，因此首先應調柔自心。心不調柔，則智慧、慈悲無從生起。其次要恆順眾生，在不違背佛法的原則下隨順因緣，順其所需。而且對上要恭敬、順從。

所謂直質，是心中無疑懼、猜忌，心中坦坦蕩蕩，沒有覆藏；若有疑懼、猜忌，便會遮遮掩掩，躲躲藏藏，心容易苦悶，這便不是菩薩道心。

四、簡樸整齊為莊嚴。大殿的布置，乃至寺院的一切設施，皆應簡單、樸實、莊嚴、大方。佛像、供果、花、以及其他的供品等雖簡單而厚重，不可輕薄，亦應整潔、統一，有整體感。

（一九九二年二月二十六日）

佛教的大愛

一、二十年前，臺灣佛教界一致提出「愛國護教」的觀念。

如果只是護教而不愛國是有待商榷的，因為失去了國家，等於失去了生存空間的保障；而失去生存的空間，佛教也就無法存在了。因此，不愛國就談不上護持佛教。

不過，身為一個佛教徒，也不能有偏狹的地域、國家、民族的觀念，從整體到個人，都應有先後、輕重、大小的等級差別，我列舉五項，與大家共勉。

一、慈悯眾生。
二、愛護國家。
三、愛護僧團。
四、愛護師父。
五、愛護自己。

慈悯眾生

因為眾生是佛法化世的對象，如果對眾生不慈悲，佛法對世間就沒有任何用處。所以，釋迦世尊出家修道，是為了救濟、解決眾生的根本苦難與問題，由此可見世尊的悲悯，我們來學佛、出家，也應把眾生的問題列為第一優先。

愛護國家

什麼是國家？國家是由人民、領土、主權三種要素所構成的，國家有保護人民生存、保障其生活權益，並領導人民的功能。國家如果喪失主權就不能保護人民；沒有土地，人民就無法居住。沒有國家，人民就會失去保障，因此我們當然要愛護國家。

但是國家的定義不是狹義的，不是只愛自己的國家，佛教徒無論到任何地方去，就要愛護那個國家，尊重那個國家的主權，同時協助所有的人得到佛法的利益，並且協助政府建設安和樂利的社會，使得國泰民安，這是佛教徒的責任。

佛教徒要盡一己之力來協助國家，達到平安、康樂的目的，這也就是佛教救世的精神，愛護眾生的本懷。

愛護僧團

僧團存在於眾生之中、國家領土之內，它是為了共同實踐佛教修行的生活而組織的團體，組成分子是出家人。

所謂僧團有廣義與狹義之分，廣義是包括十方常住、十方僧，所有一切僧眾所住的道場。如果僧團的生存與延續受到威脅，則必須要努力保衛我們整個所有的十方僧團。

所謂一代大師，一定是為全佛教教團呼籲奔走，做搶救、建設的工作，不會只為一座寺院的利益、名望去努力；否則整體環境有問題，單獨一間寺廟再好也沒有用，這一點我們要有共同的認識。

愛護師父

民國初年，印光大師住在靈巖山，並不擔任住持，只是閉關修行，但是常住大眾仍然以他為精神依歸，弘一大師也是如此。也有的地方方丈不但是一寺之主，是精神的導師，也是行政組織的領導人，例如達賴喇嘛，他是布達拉宮的主人，也是西藏精神的領袖。

師父是僧團的主人，諸位跟著師父，就像小雞需要母雞的翼護，以防止老鷹、毒蛇的侵襲，所以對於師父的健康、名譽，都要善加體貼與護持。倘若外界有人毀謗師父，打擊師父，大眾要有唇齒相依的感受。所以《梵網經》云：如聽到有人毀謗三寶，如三百矛刺心。

現在世界上知道聖嚴的人比知道法鼓山農禪寺的人

多，諸位若有人犯錯，外界一定會批評聖嚴，批評法鼓山農禪寺。雖然我們現在的僧團常住眾只有幾十位，但也就是一體的，大家要以師父或方丈為中心，帶動整個道場的風氣，才能有所成就，所以一定要愛護師父，保護方丈。

愛護自己

愛護自己什麼呢？愛護自己的道心，我常說照顧自己有三個原則：道心第一，健康第二，學問第三。

善門意氣，這算是道心嗎？不是。道心是忍辱、精進、慈悲、智慧，對眾生產生嫉妒、瞋恨、怨仇，這都是因為缺乏慈悲心、智慧心之故。其實，道心也就是我們常說的菩提心。

我們要善加調適自己的身心，飲食要節制，不要暴飲暴食或過度挨餓、熬夜；也不要晚上不睡覺，白天卻拚命睡，要不然就拚命工作，弄得飲食失時，這是糟蹋身體。

要有適當的運動和營養，不要讓愚癡、煩惱障礙了自己的身心；要以智慧對待自己，以慈悲對待眾生，以平穩的心精進修行。

我常說：「身心要鬆，工夫要緊。」這才是真精進，對於我們的修行以及健康也才有所助益。

另外，要在體力和智力所及，盡量充實自己。但也不要不自量力，處處和人比較，有人閱藏，你也要閱藏；有人閉關，你也想閉關；有人研究學問，你也想研究學問。

有一個故事說到，從前有一條牛，在夏天寺院曬藏經的時候，跑到曬經架邊走了一遍，結果這條牛下輩子轉世的時候，成為一位很有名的法師，這不是因為牛把經典背起來，而是牛對法的尊敬；這是說明，我們對三藏恭敬、供養、禮拜，自然會開智慧。

經典、佛書要看，但不是拚命地看，還以為這樣就能看透經典的道理，這是愚癡的作法，心不開，太執著，智慧怎會開！

當代有一位長老法師很聰明，看經過目不忘，有人說那是因為他過去世把經典看通、看透的緣故，所以在他這一世的八識田中如活泉般流瀉而出，取之不盡、用之不竭。看似言之有理，其實不然，以前印刷不普及，能夠見到的經典很少，而且南傳經典他懂，日本人的著作他也懂，這不能說他過去曾經在日本做過和尚，在東南亞、中國做過和尚。況且近代人的著作，這位老法師過去世也不可能見過。

一個利根的人，只要智慧眼一開，就能夠舉一反三，我們平常都有些許這樣的經驗。所以，光看書是沒有用的，要修行「無我的空觀」，智慧眼才會開。

我本來很愚笨，五堂功課總是學不會，我師父教我天天拜觀世音菩薩，後來感應到菩薩的力量，頭腦的淤塞似乎也打通了。

我看書可以慢慢看，有時一卷幾天看不完；也可以看得很快，一天看完數十卷，這不全是訓練出來的。

看經能夠開智慧嗎？能，像太虛大師就是看藏經開悟的，蕅益大師也有幾次是在看經、講經時發悟的，他們不是抱著研究的心態，而是以修持的心態來看的。研究側重理論的邏輯推演及資料的比較分析，而修持貴在實踐，較能感通佛心、眾生心。

所以，不要把做學問看得那麼重要，否則變成了蛀書蟲，只知道死讀書、讀死書、讀書死。把書讀破了對自己仍毫無用處，佛法還是要靠生命如實地踐履，才能受用。一句、兩句能夠受用，一部、兩部經典能夠通徹，日後有機會做弘法利生的工作，自己自然而然就會得力。

不過，我並不是說不要看經、讀書，一般人還是要盡己之力去了解經教，我只是說要把道心擺第一，健康其次，再來才是學問。

（一九八九年八月十一日）

佛道與非佛道

今天臺灣的整個環境，神佛混淆論者到處充斥，自稱大師、禪師、老師、上師等附佛法外道不少，而來自國外打著佛教、禪宗招牌的也大行其道，有的甚至還懷疑釋迦牟尼佛的經教有問題。

這是因為近年來臺灣的宗教環境很開放，但是人民的宗教常識很缺乏，這些附佛法外道便如魚得水般地蓬勃發展。他們講得頭頭是道，方法也有若干用處，可以使人肯定自己、有信心，雖然和佛法不相應，但對世間部分人士的確具有一定程度的吸引力。

佛經裡就提到，自利利人的度眾生方便法門有三種：

一、勤於自修而不取境界。

二、實修而不急求取證。

三、盡一己之力成就眾生。

依此來看，那些人一再強調身心反應的境界，同時也鼓吹急速取證的論點，是與佛法的根本精神不相應的。至於第三項，盡一己之力成就眾生，內外道是共通的。

勤於內省去煩惱

這三個方便法門是與佛法的根本——「空」相應的，可是附佛法外道開口閉口談開悟、證果位，卻仍然還有貪瞋癡慢疑等無明煩惱。

曾經有人很擔憂地問我，附佛法外道這麼興盛，感覺上正道反而不如邪道，怎麼辦？所以，我們出家人若再不勤於內省，努力修正自己的言行，反而讓人看到出家修行的人煩惱仍然一堆，那麼就與附佛法外道沒有多大的差別了。

（一九九〇年七月二十四日）

危機與轉機

危機的產生，有來自身心的，也有來自外界的，只要處理得當，危機也就是轉機。

個人的危機是來自內心的腐敗不精進，恐懼無信心。僧團的危機，是來自僧團大眾的無知、自私、散漫、懈怠、不振作、不團結，就像一盤散沙，缺乏凝聚力。倘若如此，即使沒有外界的打擊，自己也會潰散、瓦解，於人於己非但沒有益處，對國家社會也沒有貢獻。

一個人若有危機感，時時念著無常，就會警惕自己精進不放逸；當煩惱生起時，一想到「人命無常」，就沒什麼好與人計較的。

遇到危機固然要思及「人生無常，國土危脆」是正常的現象，以自求安心，另一方面也要及時努力，設法找出解決的方法，這才是處理危機的最佳辦法。否則光是擔心、恐懼是沒有用的，反而自亂方寸，不能安頓身心。

如何才能處理得當？要以佛法為指導，提起道心，提起正念，就能化險為夷；若離開佛法的根本，不但危及個人，團體也會遭殃，甚至有滅亡之虞，所以請諸位千萬不要在內心中掙扎不安，千萬不要在團體內製造矛盾、衝突。

釋迦牟尼佛的教團，在當時之所以受到恆河兩岸許多大、小國家的擁戴，是因為釋迦牟尼佛的出家弟子們，每到一處皆能為當地帶來平安。這平安不是因為什麼特殊的法力而得來的，而是因為人心調柔、安定而有的，所以上自國王、百官，下至人民，對釋迦牟尼佛的教團都非常歡迎。

人們常讚歎因為佛能放光，所以走到任何地方都會受到歡迎。其實放光是一種象徵性的描述，是指佛的言行對人有益、對社會有利。如果人們一心只期待佛的神通能放光，讓石頭變成黃金，水變成甘露，這種想法就不是佛法的正知見。

真正的佛法是慈悲和智慧的德化，能化頑劣為賢良、化愚癡的煩惱為光明的智慧，化凡夫眾生為解脫的聖者。所以，能夠弘揚佛法，利益眾生，就是「放光」。

法鼓山這些年來，一直在穩定地成長中，就是因為我們推動的理念是正確的，對我們的國家、社會，乃至世界有很大的貢獻。但願諸位菩薩提起信心、菩提心來，放下個人的問題，以整體三寶為依歸，精進莫放逸，隨眾不放單。時時都有危機感，把三寶的盛衰、僧團的安危，當成是自己的生命來看待。

（一九九五年四月十六日）

心的層次

心的活動層面有三，最高的是精神層次，其次是觀念層次，第三是情緒層次。

情緒層次

這是屬於動物層次的一種心理反應，也就是動物的本能，例如相爭、互鬥、追求、逃避、攻擊等。

競爭有兩種類型，那就是馬拉松式和拳擊式的競爭。後者的目的是要打倒對方，讓對方爬不起來，如同動物的弱肉強食。

人性的競爭要像馬拉松式或接力賽式的競爭，這種方式是鼓勵人人平等地依自己的能力，盡力往前跑，不考慮到左右相鄰的人跑得快或慢。

企業家施振榮先生就曾提出這樣的觀念，他說：「正確的經營是協助他人經營。」在一般人的觀念中，商場猶如戰場，商場上的對手就是敵人。

其實，正確的觀念應該是，商場的競爭者是我們的恩人，因為有高明優秀的競爭者，才會促使我們不斷地改革、創新。這是社會進步的原動力之一，這樣的觀念也就是佛教的思想和觀念。

觀念層次

就是我們一般凡夫的想法，以現代潮流來說，每一個人都有表達自己想法的自由，尤其是西方人，除了表達自己的想法外，同時也尊重他人表達意見的自由，這種平衡的互動是一種自由民主的精神。

當大多數人的想法共同結合在一起蔚為風潮時，便會形成一個時代的思潮，即所謂流行的思想。一般而言，少數人的先驅思想，能帶領著時代潮流往前進，這類思想開始得早，卻不一定馬上被人接受，有可能會被誤會、曲解而不受重視；也有可能因為理論基礎不紮實，宛如曇花一現，流行不久之後便銷聲匿跡。

但是無論如何先進的思想，凡夫的觀念都是有偏差的，因為站在自己的立場及角度看任何事物，都是不夠客觀的、不正確的，也是不公平的。事實上我們在三度空間所見到的都只是幻象而已，沒有辦法看到實體，也就是我們所見、所聞、所思，皆是虛妄法，非佛法所說的真實法，因為有「我」的存在之故。

通常我們都會認為自己已經很客觀了，是站在他人的立場來設想考量，實際上都還是屬於自己的想法。在沒有其它的辦法或選擇下，我們還是需要用觀念層次的想法、看法來處理事情、解決問題，不過我們最終應該要超越這個觀念，使之提昇成精神層面。

精神層面

如果光用理論的、觀念的、邏輯的角度來衡量人、判斷事，那是不慈悲，也是沒有智慧，要進一步包容他人，奉獻自我。用無我無私的智慧來處理自己的問題，用慈悲的精神和觀念來包容他人的差異。能包容就沒有對立的現象，沒有對立的現象，精神層面的超越就出現了。

用慈悲心來對待所有的人，就能體諒所有的人都有他各自的因緣業果；如果用智慧來面對一切的問題、現象，就能把自我的觀點放下，妥為處理當時所遭遇的情況。

我常說：「慈悲沒有敵人，智慧不起煩惱。」如此大家就能和樂共住，相融共事。

（一九九八年一月十二日）

森林中的共命鳥

森林中的鳥有大小美醜之分，有的飛得高，有的飛得低，有的飛得遠，有的飛得近。我們就像林中鳥，各有各的果報、福澤、因緣、智慧，所以每個人的境遇皆不相同，性格、心向也互有差異。

雖然大家的境遇、業報都不一樣，然因生活在同一環境中，有著相同的共業，就像在同一森林裡生活的共命鳥，假如森林失火了，每一隻鳥都會遭殃；也像是同一池水的魚，只要池水深，就會比較舒適，池水淺，就會比較擁擠，而池水乾涸了，就會死亡。

這些觀念是要大家明白，佛法重振的責任就在我們每一個人的肩上。我們來到這個世界，都是擔負著大悲願心來的，否則，我們就不會來出家，共同在這五濁惡世中學佛。

星光指路，安全靠岸

在這個大環境中危機重重，各種天災人禍接連不斷，佛法究竟扮演什麼樣的角色？我們究竟能盡多少力量？

坦白說，佛教本身的影響力是薄弱的，因為缺乏一定且明確的整體組織運作，不易持續發揮出顯著的效用來，同時也缺乏人才，真正具有清淨悲願心的人少之又少。

我們的團體，缺點雖然還很多，但能有這麼一個團體讓我們在此修學佛法，維繫佛法的慧命，這是非常難能可貴的，也值得令人欣慰及努力的。

大家都是以好心來出家，時間雖不長，道心卻很堅固；煩惱雖常現前，尚知反觀自照、慚愧、懺悔，未曾須臾離開三寶，而且正朝著既定的方向努力。這如同在茫茫大海中航行的船隻，仍可看見如絲的海岸線，在黑夜中靠著微弱的星光指路，就有希望安全靠岸。

所以我們彼此要同舟共濟，肝膽相照，相互提攜勸勉，為我們的法身慧命以及正法永住人間，精進向前。

（一九九四年二月二十二日）

聖嚴師父與法鼓山

諸位來法鼓山出家，以佛法成就社會大眾，便成就了我們的法身慧命。

以師父的悲願爲悲願

我們每一個人由於無始以來不同的業力和習性，造成了想法、看法、聰明程度等種種的差異，所以要經常設身處地為他人著想。同時也要盡量發揮長處，改善短處，否則不但自己煩惱痛苦，也會引起他人煩惱痛苦。

我們是出家人，要學做人天的師範；如果煩惱多，就無法對人產生感化的作用，對自己也無法安住身心。

有些人會有這樣的直覺反應：「佛法這麼好，出家人怎麼會修成了滿身的煩惱？」其實出家人還是凡夫，未得解脫，所以尚有煩惱，這是本來就有的習氣；而出家久了，雖然也會有一些波折或身心的衝擊，但若能用慚愧心、懺悔心和慈悲心來調伏自己，寬諒他人，心情波動的現象自然會漸趨平穩、安定。

我們法鼓山僧團才剛剛開始建立不久，制度雖然尚未健全，但也正在積極改善中；而道場的一切設施亦尚未臻完善，不過法的薰習卻不虞匱乏。

過去的叢林是山居生活、農村社會的型態，現在則是都市生活；而在今天的社會，就算是住在山裡，所接觸到的物資和人事，都和城市沒有兩樣，所以臺灣、日本、美國的山林佛教，都已經都市化了。修行人的生活是不可能再回到一百年前的模樣，歷史是永遠不會重演的，雖然有一定的規律在運作，但方式是不一樣的，也經常需要改善。

所以，法鼓山農禪寺有它自有的特色，這樣的環境也可算是一塊淨土了，這是大家共同努力創造的，需要靠大家的維繫與愛護。如果我們每個人都將自己範圍內的責任做好，對其他外圍的事也盡量協助關心，整個僧團自然會充滿朝氣、充滿希望。

師父冀望把佛法推廣到全世界，讓所有的人都能夠得到佛法的利益，因而發願擔起這個重責大任。

師父為何要閉關自修？無非想得到修行的方法。為何要出國留學？因為當時佛教讓人誤為迷信，出家人受人輕視，所以若要普遍提高出家人的社會地位和教育程度，是需要從各方面去努力的。

我去日本、美國，吸取了新的觀念和方法，進而將中國正統的禪法推廣出去。日本的禪有武士道的民族精神，中國卻不一樣，像虛雲老和尚、來果禪師、明末蓮池大師的禪風都和日本的禪風不同；日本禪較為單純，中國禪的涵容性則較廣大。

師父在有生之年要把佛法推廣出去，遍及世界的每一角落，但這得靠大眾的協助。諸位常住眾敬愛師父，但也要體諒師父；多愛惜自己，也要愛惜常住。師父是法鼓山全體大眾的，是中國佛教的，也是世界佛教的，你們能來親近常住，跟師父學習佛法，也要以師父的悲願為自己的悲願，大家同心同願，協助師父推動法輪。如有不同的理想、抱負，想另求發展，師父是不會阻撓的，但你自己就很可憐了。

如果只知道要求師父及常住，而不接受師父及常住對你的期許，你就無法在僧團中安住了。因為師父與僧團正在成就你、培育你，你也應該在自利的同時，追隨師父、配合僧團，做弘法利生的工作。

（一九八九年四月七日）

夢中說夢

大多數人對未來都會有所期待，若無期待，就好像水上漂萍漫無目標，不得安定。人生活在夢中也很好，最起碼有個夢，但如果時常做夢，整天生活在夢境中也會很痛苦。事實上，我們本身就是一個夢境，又生活在夢境裡，當然是苦不堪言。

努力於協助、奉獻之中

我個人一生並無任何的生涯規畫，也從不曾想過要收徒弟做師父、蓋道場、當作家、做學者，我只是順著因緣一步一步往前走。就如當兵、閉關、去日本讀書、到美國弘法等等，我當時的前程在哪裡，下一步路又將何去何從，我一概不知道，我只知道要努力、努力、再努力！只要有人需要我協助，我就去；有地方需要我奉獻，我就去。

就這樣，我來到臺灣，去了日本、美國，然後有了東初禪寺；回到臺灣，有了農禪寺、中華佛學研究所，以至於現在的法鼓山。我個人從來沒有想要這些，就是如此地順著因緣走下去，結果這些一樣一樣地出現。

這一切的一切，都是因緣所致，非我神通廣大，我只是一個平平凡凡、普普通通的出家人，一心一意想把自己知道的、受益到的佛法，也讓其他的人知道，如此而已。

就以現在的法鼓山為例，雖然有藍圖和未來的理想，但一定會依著藍圖來走嗎？我實在不知道。不過，我時常這麼說，我的法鼓山已經建造好了，你們的法鼓山還未建；能做的我也已經做了，做多少算多少，我沒有半點遺憾或牽掛。如果我覺得現在還死不得，或死不瞑目，事情尚未完成，這是俗人的想法、在家人的心態。出家人是今天做事今天了，明天的事就不必掛在心上了。

努力之前先要安心、安身

人的福報和因緣是非常不可思議的。我的師父東初老人老是說我有一點小聰明，但沒有福報。我知道我沒有福報，可是我從來沒有想到自己是個聰明人。如果我自以為是個聰明人，便會恃才傲物，目中無人，不求上進。正因為我知道自己不是聰明人，不是有智慧的人，所以我會努力；也因為知道自己所學不夠，必須不斷地學習；因為知道我沒有福報，所以願多做奉獻服務。因此我的日子過得既充實又真實，不會老是在做白日夢。

我有一位同學，他在我所有的同學當中是最聰明的一位。曾經有人問他怎麼不好好地讀書，他說：「我不讀書就已經這樣聰明了，再讀下去，天底下還有人嗎？我必須要讓一點飯給人吃，所以我不要努力讀書。」好大的口氣！可是我因為知道自己是愚笨的人，所以在環境許可下，我會努力地充實自己，不會做這樣的夢。

夢不是不可以做，但不可以老是在做夢；未來不是沒有，但不要老是記掛著未來的前途。努力是必須的，然而跟環境因緣不相應的努力也是苦不堪言。所以努力之前先要安心、安身；換句話說，出家的心態、儀態先養成後，再去學其他的東西，這才是最可靠的安頓法門。

如果老是把自己放在夢中，等到無法將自己的夢想實現時，便覺得無地自容，變成了一個失意落寞的人，這對我們的法身慧命是一種戕害。

（一九九二年七月八日）

法鼓山僧團

目前，國內的新聞傳播界及居士團體，常把法鼓山、佛光山以及慈濟功德會相提並論，這固然是一件光榮的事，不過我們也應感到慚愧，我們怎能和他們相比呢？佛光山和慈濟功德會都是三十多年歷史的道場，都有豐富的經驗和貢獻，法鼓山卻只有十多年的歷史而已。

我自民國六十六年冬從美國回到臺灣，接掌農禪寺的法務，從沒有信徒到有一些信徒，從沒有任何的佛教事業到有佛教事業，這一路走來非常地辛苦，可謂篳路藍縷，創業惟艱。

我們仍是一個脆弱的團體，尚無明確的組織，所做的社會關懷工作也不夠多，僅僅以這兩句理念「提昇人的品質，建設人間淨土」來獲得信眾的認同。

雖然我們做的都不是「立竿見影」的教育與關懷的工作，但因為我們腳踏實地，因此給人的印象是穩重、踏實、不誇大。我們的中華佛學研究所培養出來的研究生，真正有成就、有貢獻的人仍不是很多，但我們還是要繼續地做，不能退縮、厭倦。

為佛教培養人才，是我們應盡的責任和義務，只要我們堅持原則，一定會得到社會的肯定與教界的支持。

最初佛教界的人士，認為我們走的路線不同，總以批評、觀望的態度來看我們；而教外的人士也以懷疑的態度看我們在做什麼，對社會究竟能有什麼功用，所以我們的責任更因此而顯得重大。經過大家的齊心努力，這些年來所舉辦的各類淨化人心、社會的活動，特別是「心靈環保」，好多團體都來向我們觀摩學習。因為這些都是帶動社會優良風氣的活動，以致於被朝野輿論譽為一股清流，大眾對此應感到欣慰，並當再接再厲，繼續努力。不過，我們對社會的付出與貢獻是有限的，真是慚愧啊！

諸位來法鼓山出家，就當知道六祖惠能大師這麼說過：「佛法在世間，不離世間覺，離世覓菩提，恰如求兔角。」我們大家都是共同來此修福修慧的，以佛法成就了社會大眾，便成就了我們的法身慧命。

（一九九四年二月二十二日）

我的方向——做好出家人的本分

我從小就是沒有福報的人，一生皆在逆境中度過。由於福報不夠多，以致於缺少寬宏大量的心，偶爾也會對人慳吝或與人計較。所謂寬宏大量，就是一方面要把自己所擁有的與他人分享，另一方面也要原諒他人的過失。

我的智慧也不夠，修證也不夠，禪定不深，學識不足，涵養不夠。正因為我知道自己缺點很多，所以我經常生起慚愧心。

通常我不敢站在上首，走在人前；不敢浪費財物，不敢和人比高低、論長短。雖然我仍有嫉妒心及不平衡的心，但每當我發現自己的愚癡時，會立刻用佛法的智慧，回到謙遜的原點。

我只是一位普通的出家人

當我的弟子及許多人在皈依典禮上、修行的過程中，一次次地向我頂禮時，我常默念著「觀世音菩薩」。我不斷地告訴自己，我只是一位普通的出家人、是凡夫，以佛法的立場，為了讓弟子及居士們對三寶起恭敬心，是應該鼓勵他們禮拜師父。不過，在我自己的內心，我很清楚自己是一個普通人，他們只是在向一位出家師父行禮而已，不是向我跪拜。

身為一位出家人，心裡如有這樣的想法：「我有好多信徒喔！」就應該馬上轉移念頭，警惕自己：「真不知慚愧，這些信徒是三寶的，怎會是我個人的！」

我就是這樣常常提起慚愧心，所以沒有太多的得失心，也不會感覺壓力過重。能自知慚愧，就會知道自己有所不足、有所殘缺，更需努力修福修慧。

沒有非要完成不可的事

我並沒有非要完成一件偉大事業不可的雄心壯志，但是我會隨順因緣，盡力而為。我不敢有任何的奢望，凡事都是在因緣的許可下，一點一滴地完成了。

我從未想過建設法鼓山是我的悲願，它是十方所共有，凡是認同法鼓山理念的人都會共同來成就，這並不是因為我的能力強、福報大、善根深厚，而是這個時代環境中的人，有如此的需求。

我個人也沒有宏願，只是我清楚我的方向，就是要把「和尚」的角色扮演好。我不能讓我的師父、父母親因我不盡分而受人唾罵，或使得不信佛教的人批評毀謗。

我要做好什麼樣的和尚呢？基本的戒律應該要受持，但是我並未想成為一位大律師；基本的佛法要知道，但我並沒有想要成為一位大法師；基本的禪修方法要懂得，但我並沒有想要成為一位大禪師。我並沒有這些宏大的目標，只是盡心盡力，做好出家人的本分，我始終抱持著這樣的態度。

《法華經》法師有五種：受、持、讀誦、書寫及為他人說。所以，我今天勉強算是一位法師，其實這是每一個出家人都可以做得到的事。

我從來不要求父母、師長應該如何培養我成為法門棟樑。我之所以有今日，我知道是由於往昔以迄今生的果報，所以內心很自在，毋須有任何不平，我只是隨順因緣，努力向上。

我的師父是以養蜂方式來培養弟子。在我留學日本期間，我的師父以分期付款方式總共支助我一千美元，有些居士問我是否對師父的作法有所不平？我說：「阿彌陀佛！怎麼可以如此想？我的師父願意剃度我，成就我出家，已是無限的感恩了。」

悲智與戒律並行並重

我不論對待何人，親近我、遠離我的人，以及支援我、協助我的人，我都一律感恩他們。我一直很努力的原因，就是為了報答這些恩澤。

所以，對於親近我的人，我常持感恩的心；對已遠離我的人，我常懷念他們，永遠為他們祝福。

佛教是講慈悲的，我們若不慈悲，處處跟人講理論、準則、規矩，我們將因此而受困，不得解脫。

佛教僧團除了靠戒律來維繫，對人當以慈悲的精神來對待、關懷，對事是以智慧的內涵來處理。戒律本身非常刻板，必須輔以慈悲及智慧，生活運作靠戒律，心性的化育靠悲智。

佛教之得以維繫至今，乃由於這兩條路線始終是並重並行的，如果少了任何一種，今天佛教已經不存在了。

以佛法的尺度見賢思齊

我待人也是如此，從來不敢做過多的要求與奢望，因為自己也僅勉強及格，怎敢要求弟子們一定滿分？但是我希望弟子們能滿分，不能滿分，七十分也覺得歡喜，若有八十分更覺得高興，若達到九十分就喜出望外了，如果只有六十分，也過得去了。

所以我從不敢以自己的尺度來衡量人，而以佛法的尺度做為見賢思齊的方向，努力往前走，能走多少就算多少。

（一九九四年二月二十二日）

我們的願景

法鼓山是一個理念、信心及悲願行的力量聚合體。在我們的內心裡能夠認同法鼓山的理念，接受法鼓山的原則，對法鼓山有信心，那麼，無論在何時、何處，做任何事，皆是法鼓山的事業。

法鼓山是以培養佛教繼起的學法、弘法、護法的人才為宗旨，有了人才，佛教才有前途，社會才有希望，眾生也才能得救。因此我們要全力以赴，來推動法鼓山所有事業的宗旨：「提昇人的品質，建設人間淨土。」因此我們必須先以身作則，提昇自己的品質，才能希望他人也提昇品質，如此人間的淨土也才能實現。

法鼓山不僅是一座山的道場，不僅是一個地理的位置，而是包含了每一個認同並實踐我們共同理念及精神的人。

佛教教育的重要

今天中國的佛教，能夠有如此的局面，是因為在五十年前，太虛大師不斷地奔走、呼籲，創辦僧教育，留下了一批人才，後來那些人不管是出家或在家，個別地傳授、或在寺院授課，才將佛法弘揚開來。

如果當時沒有太虛大師與辦佛教的僧教育，今天中國的佛教是沒有希望的，現在我們看到的一些人才，多半和當時太虛大師所提倡、與辦的僧教育及佛學院有關係。

佛法的慧命，危如懸絲。雖然如此，也還有一絲希望存在。所以中華佛學研究所培養出來的人才，有一個或兩個也是令人欣喜的，我一點也不失望。

如果當初我不去日本，現在我也一樣可以弘法。為什麼？其他的人雖沒有到日本讀書，一樣也在弘法，所以不能因為我有博士學位才算是人才，才可以弘法。不過，因為我有博士學位，知道一點點治學的方法，也知道如何興辦很好的教育機構。我既能走學問、研究的路，同時也在走修行弘法的路，所以我們未來的方針也是解行並重的。

法鼓山的三大教育

未來，我們法鼓山有三大教育，第一是：大學院教育，第二是：大普化教育，第三是：大關懷教育。這三種都是教育的工作。如果你把學術教育做得好，你也可以是一位教育家；如果你把關懷教育做得好，當然也是一位教育家；如果你對普及化的弘法教育做得好，你就是一位教育家。所以我們每一個人，未來都可以成為法鼓山優秀的教育家。

大學院教育包括一般的大學以及僧伽大學；大普化教育包括禪修、念佛、講經說法、著述出版；關懷教育則包括從個人到團體的關懷、從教團到社會的關懷、從生命開始到生命終止的關懷。

在法鼓山的共識裡，我們的方法是「提倡全面教育，落實整體關懷。」所謂全面教育，就是指這三大教育。三大教育本身就是關懷，因為這三大教育都是為了達成同一個目標，那就是關懷。

關懷和教育是同時並行的，用教育來達成關懷的目的，用關懷來達成教育的功能；這兩者是互為體用，相輔相成。

勇於承擔，自利利人

諸位不要小看自己，有的人是研究所畢業的，有的人是大學畢業的，有的人是初、高中畢業的，也有小學畢業的。但是，我們不要因此而受限於自己原來所受的教育，也不要以此來評量他人。相反地，我們應自問：「願不願擔起這項任務？」如此才能開拓我們的視野，以及增進學習的領域。

事實上，我們去為他人助念，就是一種臨終關懷；去慰問病人，就是探病關懷；為人開解煩惱、困難，就是社會關懷。這些關懷的教育，我們都已或多或少在做了。只要我們自己本身少一些煩惱，智慧就會多一點，如此便能助人出離煩惱，解決困難。

我也是從煩惱堆裡出來的，所以有煩惱的人，不宜妄自菲薄，從今日始，要不斷地發願，當你的煩惱愈來愈少，這就可以成了你日後助人的經驗。

正如同你在游泳池裡載浮載沉，喝了一口又一口的水，當你喝飽之後，可能就是學會游泳的時候，之後你便可以告訴他人，如何學會游泳的方法。

因此，教育程度低者不要自卑，教育程度高者不能驕傲。我們不必跟別人比短長、論高低，謹守自己的本分，做一個稱職的出家人，這就是一種以德化人的身教，比言教還可貴。

要明白，我們都是做著關懷和教育的工作。一方面我們受到三寶以及常住的關懷和教育，另一方面我們也從中學習著教育他人以及關懷他人的工作，這就是我們的立足點。

（一九九四年二月二十二日）

國家圖書館出版品預行編目資料

法鼓晨音 / 聖嚴法師著. -- 初版. --
臺北市：法鼓文化,2000[民89]
面； 公分. --(人間淨土；6)

ISBN 957-598-143-X(平裝)

1.佛教—語錄

225.4　　89016435

人間淨土 6

法鼓晨音

著者／聖嚴法師
出版／法鼓文化
總監／釋果賢
總編輯／陳重光
編輯／陳倖琪、胡晏寧
地址／臺北市北投區公館路186號5樓
電話／(02)2893-4646　傳真／(02)2896-0731
網址／http://www.ddc.com.tw
E-mail／market@ddc.com.tw
讀者服務專線／(02)2896-1600
初版一刷／2000年12月
初版十二刷／2020年1月
建議售價／新臺幣250元
郵撥帳號／50013371
戶名／財團法人法鼓山文教基金會—法鼓文化
北美經銷處／紐約東初禪寺
Chan Meditation Center (New York, USA)
Tel／(718)592-6593　Fax／(718)592-0717

法鼓文化